Johann Rudolph Glauber

De Elia Artista

Johann Rudolph Glauber

De Elia Artista

ISBN/EAN: 9783743499614

Hergestellt in Europa, USA, Kanada, Australien, Japan

Cover: Foto ©ninafisch / pixelio.de

Weitere Bücher finden Sie auf **www.hansebooks.com**

De Elia Artista.

Oder

Waß Elias Artista für einer sey / vnd waß Er in der Welt reformiren / oder verbesseren werde / wann Er kombt?

Nemblich:

Die Wahre Spagirische Medicin, der alten Ægyptischen Philosophen, welche mehr als tausent Jahr verlohren gewest / vnd Er wiederumb herfür ziehen / solche renoviren / vnd durch newe Inventiones herrlich illustriren / viel vntüchtiges Sudelwerck abschaffen / vnd einen näheren / vnd besseren weg / dardurch viel leichtlicher / vnd auch vnkostlicher (alß bißhero geschehen) zu gutter Medicin zugelangen / Er mit sich bringen / vnd solchen der jetzigen verirreten Welt zeigen wirdt.

Der Edlen / vnd vnbesudelten Reynen Spagirischen Medicin Liebhabern zugefallen / beschrieben / vnd an tag gegeben

Durch
JOHAN RUDOLPH GLAUBER.

Zu AMSTERDAM,
Bey JOHAN WAESBERGE, vnd der
Witwe ELIZÆI WEYERSTRAET.
Anno 1667.

Vorrede.

Gunstige Leser / zu Ende deſſen Jüngſt-außgegangenen Büchleins von der Hölliſchen Göttin Proſerpina tractirende / habe ich erwehnet / daß der von den Philoſophis vor längſt Propheceyte Elias Artiſta vielleicht baldt nach meinem Todt für den Tag kommen / vnd ein groſſes Liecht der finſtern Welt ſelbige darmit zu erleuchten / dardurch das böſe abgeſchafft / vnd hergegen das gutte in den platz geſtelt würde / mit ſich bringen werde. Auch daß groſſe veränderungen in etzlichen Königreichen / vnd ſonderlich im Römiſchen Reich entſtehen / der eine Potentat den andern überwinden / ſein Reich einnehmen / vnd ſich zu einem Monarchen darüber machen möchte. Habe auch angewieſen / waß Paracelſus von ſolchem Monarchen an tag gegeben / vnd etlicher groben Menſchen vngegründte außlegung / ſo ſie darüber fälſchlich außgeſtrewet / in des Deutſchlandes Wohlfahrts Vierten Theil gründtlich wiederleget / vnd erwieſen / daß ſolche Propheceyung nicht nach dem Buchſtaben zu verſtehen / vnd auf groſſe Potentaten der Welt zu deuten / ſondern daß Elias Artiſta Magicè zu verſtehen wehre. Vnd ſo viel die beyde Wörtter betreffende / ſo lauten ſie nach verſetzung der Buchſtaben Elias, zu rucke geleſen / Salia, wie denn gleicherweiſe auß dem Wörtlein Elisa auch Salia herauß kombt: Welcher beyden Wörter bedeutung ich vor viel Jahren in meinem Tractätlein de Natura Salium, auch erkläret/ derohalben alhier vnnöhtig zu wiederholen/ doch kürtzlich davon zu reden/ so bedeutet Elias Artista bey den Philosophis vngemeine/ vnd der Welt noch vnbekandte Salia, dardurch grosse/ ja vngläubliche dinge zu verrichten. Wann nemblich solche Secreta Salia einmahl der Welt bekandt werden solten/ ohne zweiffel eine grosse veränderung darinnen entstehen wird/ dann durch diese der Welt noch vnbekandte Salia Artis in Philosophia, Alchimia, vnd Medicina Secretiori grosse dinge gethan werden. Es haben zwar die alten Philosophi diese beyde Salia gekandt/ aber solche nicht anders angezogen/ alß daß der Lapis Philosophorum dardurch müste bereitet werden; Davon in Turba Philosophorum zimblich klar geschrieben: Vnter andern dieses vnser Saltz vermehret die röthe im ☉/ vnd die weisse im ☽. Vnd sagt die Turba Philosophorum/ wann Gott solches Saltz nicht erschaffen hätte/ so wehre es vnmöglich gewesen jhr Elixir zu bereiten. Es haben aber diese Philosophi, welche von diesem Wunder-Saltz geschrieben/ vielleicht von keinen andern gutten Saltzen wissenschafft gehabt/ vnd vermeinet/ daß dieses Saltz allein nützlich wehre/ Tincturas darmit zu m.......gen. Ich muß bekennen/ daß kein derg............. Saltz in der Welt zu finden/

Vorrede.

welches solche macht / vnd gewalt hätte / das gemeine / vnd auch vngemeine Philosophische ☉ vnd ☽ / in jhren Farben zu vermehren / erhöhen / vnd exaltiren / vnd solches gleichsam in Momento, wann dieses Saltz / als ein Monarch aller Saltzen darzu kombt. Vnd hat vnser Saltz noch diese grosse Tugend / daß es nicht allein die Farben des Goldes vnd Silbers erhöhet / sondern es copuliret auch der Metallen König mit seiner Königin / also beständig / daß sie durch keine Kunst wiederumb von einander zu scheyden. Welches zu verwundern / daß ein solch flüchtiges weysse Saltz / solche krafft hat / ☉ vnd ☽ in Momento also zu verbesseren / zu exaltirn / vnd in ihren Tugenden beständig zu vermehren. Noch besser zu verstehen / so sage ich in warheit ohne einige hinderhaltung / daß dieses Saltz / oder Monarcha Salium, davon die Turba Philosophorum meldet / solche Natur hat / daß es sich weiß sublimiren / vnd auch weiß in aller Wasseren solviren läst: Es ist weiß / vnd bleibet weiß / in / vnd auch ausser dem Fewer: Vnd ist auch gantz flüchtig / darum ich solches Saltz vor etlichen Jahren in meinen Schrifften Sal Armoniacum Secretum genennet. So bald es aber zu ☉ vnd ☽ kömbt / so wird es fix / vnd macht auch das ☉ vnd ☽ noch fixer als sie zuvorn wahren / also daß sie plusquam perfect werden / vnd keins vom andern wieder zu scheyden ist. Niemandt wolle jhme aber einbilden / daß es diesem Salmiac gleich sey / welcher von Oleo Vitrioli, vnd Spiritu Urinæ gemacht wird / davon in dem Siebendten Theil meiner Pharm. Spagir. gehandelt worden. Dann dieses vnser Monarchalische Saltz gantz keine gleichnis mit jenem hat. Dann jenes macht alle dinge flüchtig / vnd scheidet das reinere Theil per Sublimationem von den gröbern Fecibus. Dieses weisse Saltz aber / wie wohl es an sich selber vnfix ist / dannoch die macht hat / die vnfixe Metallen fix zu machen / daß sie die Cupellen bestehen / doch daß dieses noch vnfixen Saltzes exaltirende kraft zu vorn bey ☉ vnd ☽ auch fix worden sey: Dann die gantz substantz dieses Saltzes / welches von den Philosophis ein Bischoff / oder Obrister Priester genandt wird / wann ☉ vnd ☽ / alß König / vnd Königin dardurch vnzertrennlich copuliret worden / nicht gäntzlich bey dem ☉ vnd ☽ bleibet / sondern es bleibet nur die verborgene Tinctur, vnd alle Farben exaltirende krafft bey dem ☉ vnd ☽ / das vnkräfftige vnnütze Saltz wesen gehet / oder scheydet sich selber nach der copulation wieder davon; wie dann ein jeder Priester / wann Er ein paar copuliret / auch wieder seinen weg gehet / vnd nicht bey den copulirten verbleibet. Vnd kan eine solche beständige vnzertrenliche Copulation des Goldes / vnd Silbers / einer solchen Copulation Mannes / vnd Weiblichen Geschlechts / welche bey der zusammen gebung eines geweyheten / vnd

Vorrede.

von Gott verordneten Priesters geschicht/ verglichen werden. Dann wann ein Priester ein pahr Menschen zusammen giebt/ so müssen sie hernacher allezeit biß in den Todt zu/ beständig/ vnd vnzertrennlich bey einander bleiben/ vnd guth vnd böses beysammen außstehen/ vnd sol umb kleiner ursachen willen kein theil von dem andern lauffen/ weiln sie ordentlicher weyse vom Priester zusammen verknüpffet worden. Vnd gleich wie eine scheydung der beyden Eheleuten ohne sonderbahre vrsachen nicht leichtlich von der Geistlichen Obrigkeit zugelassen wird: also/ vnd dergleichen wird auch vnser Metallische Copulation des Goldes/ vnd Silbers/ welche durch den Metallischen Copulatorem, oder Hohen-Priester geschehen/ nicht leichtlich von einander gescheiden/ dann der Metallen Hohe Obrigkeit/ als die vier Elementa, darauß sie gebohren/ lassen solche scheidung nicht zu. Dann wann solche Metallische Copulation durch den Metallischen von Jove consecrirten Priester copuliret/ so ist darnach keine scheidung beyder Leiber zu machen. Dann wie gesagt/ die vier Elementa solches nicht zulassen/ das nasse Wasser hat keinen ingreß darinnen/ die Erden/ vnd Lufft/ noch weniger; das allerstärckeste Element, Fewer/ hat auch keine macht/ das ☉ vnd ☽ als ordentliche copulirte Eheleute wiederumb von einander zu scheyden/ sondern sie bleiben beständig in aller wiederwertigkeit beysammen/ vnd vermehren sich nach jhrer arth in infinitum. Daß ist/ wann sie mit rechtmässiger Speyse vnterhalten werden. Dann die Menschen ohne geniessung der Speyse/ vnd Trancks nichts leben noch sich vermehren können: Dann die vermehrende krafft dem Menschen/ wie auch allem Viehe auff Erden/ Vögeln in der Lufft/ Fisch in Wassern/ vnd allem waß lebet auß Speyß vnd Tranck kommen muß/ wann sie sollen multipliciret werden. Gleicher weise ist es auch mit der Metallischen Multiplication zu verstehen/ dann wann gleich ☉ vnd ☽ durch den Metallischen Priester beständig copuliret/ daß sie nicht wieder von einander zu scheiden/ so ist es doch nicht genung/ vnd kan keine vermehrung geschehen/ wann die conjungirte nicht rechtmässiger weyse mit bequemer Speiß/ vnd Tranck vnterhalten werden. Gleich wie nun die Menschen in jhrem vnterhalt erstlich die Mutter-Milch/ darnach auch gröbere Speysen/ vnd Tranck gebrauchen/ alß da sein Brodt/ Bier/ Wein/ Fleisch/ Butter/ Käse/ vnd Fruchten der Erden/ sich dardurch zu erhalten/ zu stärcken/ vnd zu vermehren. Also/ vnd nicht anders erfordern auch vnser copulirte ☉/ vnd ☽ jhre rechtmässige Nahrung/ wann sie wachsen/ vnd sich vermehren sollen/ dann ohne Nahrung nicht das geringste Kreütlein auß der Erden wachsen/ noch seines Geschlechts vermehrenden sahmen forthbringen kan. Darum auch dem ☉ vnd ☽/ wann sie sich multipliciren

Vorrede.

sollen/ ihnen ihre Nahrung ordentlich muß gereichet werden. Gleich wie nun der Mensch von anfang die Mutter-Milch gebrauchet/ also gebrauchen auch die Philosophi zu des Goldes/ vnd Silbers-Nahrung/ dehren Mutter-Milch/ daß seyndt ihre Prima Entia, davon sie erstlich ihren vrsprung haben. Nun wissen wir / daß in dem verachten Antimonio das Primum Ens Auri häuffig verborgen/ welches auch gar leichtlich in form/ vnd gestalt einer weissen Milch darauß zu ziehen / darmit das ☉ vnd ☽ zu speysen/ vnd zu ihre Multiplication zu befördern/ dann durch die copulation des Goldes/ vnd Silbers keine weitere hülffe den copulirten vom Priester geschicht / alß nur allein den Seegen/ Er ihnen hinterlässet/ vnd saget zwar: Wachset/ vnd mehret euch / wann Er das gethan/ so gehet Er wieder darvon/ vnd bleibet von ihme nicht mehr behüfflichs bey den copulirten/ darumb sie ihre Nahrung zur Multiplication von bequemer Speiß vnd Tranck suchen müssen/ welche Nahrung/ oder Speiß vnd Tranck vnser Lac Virginis, oder Aqua Mercurialis seyn kan. Dann dardurch erquicken sich das copulirte ☉ vnd ☽/ erlangen ein newes wachsende/ vnd vermehrende leben/ vnd werden also bequem gemacht/ sich in infinitum zu vermehren. Dann diese vnsere Jungfrawen Milch stärcket/nehret vnd vermehret des Goldes vnd Silbers forthpflanzenden sahmen in qualitate & quantitate gewaltig/ vnd

A 5 wird

wird solche nutritio, oder inceratio von den Philosophis allezeit recommendirt alß ein nothwendiges Werck / die beyde ☉ vnd ☽/ welche durch die Copulation inseparabil, oder irreducibil gemacht / wiederumb dardurch zu erquicken / vnd jhnen ein newes vermehrende leben ein zugiessen. Klarer davon zu reden / so ist noch diß zu wissen; wann / nemblich das gemeine ☉ vnd ☽ durch den Metallischen Priester / das ist durch das Sal Artis vnzertrennlich conjungiret / vnd in jhren Farben exaltiret worden / daß mit jhnen nichts außzurichten / weiln sie den ingressum in andere Metallen durch die Copulation verlohren / darum jhnen durch das Mercurial Wasser der benommene Ingreß wiederum muß gegeben werden / durch welches Mercurial Wasser dem verstörten ☉ vnd ☽ neben dem Ingreß / vnd leichtem fluß / zu gleich auch die Multiplication eingeführet wird. Dann wan vnsern Mercurial Wasser bey dem fixen ☉ vnd ☽ auch fix worden / so ist es kein flüchtiger ☿ rius mehr / sondern ist durch das in jhren Farben exarltirte ☉ vnd ☽ zu einer fixen Tinctur worden: Wann das geschehen / vnd man solche fixe Tinctur vermehren will / so hat man nichts weiters nöthig /

let werden. Dann wann man nur einmahl
durch das Sal Artis das ☉ vnd ☽ irreducibel,
oder plusquam perfect gemacht hat / so hat man
basis, oder fundaments genung hienführo (ohne
auffs newe das Werck wieder anzufangen) sondern nur das fixe mit dem vnfixen zu vermischen /
vnd wie erstlich geschehen / fix zu machen / dann
das ☿rial Wasser ist in seinem innersten besser
als ☉ / dahero es auch das ☉ vnd ☽ / wann es
darbey figiret wird / zu einer lautern Tinctur
macht; vnd darff sich niemandt darüber verwunderen / daß das ☉ nicht allein / sondern neben
jhme auch das ☽ eingesetzet wird / welches doch
nach dem eusserlichen ansehen keine Farbe hat /
vnd doch sein innerst höher von Farb ist alß das
☉ selber / welche beyde ohne erhöhung jhrer Farben durch das Sal Artis, vnd incerirung mit dem
Mercurial-Wasser nimmermehr eine wahren
Tinctur werden könte: Denn ☉ vnd ☽ nicht
mehr Farb haben / als sie selber von nöthen / vnd
können nichts mittheylen. Wann sie aber zu vorn
erhöhet seyn / durch das tingirende Sal Artis,
als dann können sie Weisse Metallen Färben /
vnd ehender gantz nicht. Vnd ist dieses zu wissen / daß man durch vnser Sal Artis (wann
man wil) das ☉ allein ohne beysein des Silbers
exaltiren / vnd durch den Mercurium in ein rothe
Tinctur figiren kan: Deßgleichen kan auch das
Silber allein in seiner weyse durch das Sal Artis
also erhöhet werden / daß nach der inceration,

vnd

vnd durch den Mercurium gegebenen Ingres ein theil exaltiret ☽ viel theylen ☿ in guth / vnd beständig ☽ tingiret. Dann vnser ☿rius damit wir inceriren / vnd multipliciren / kan in ein Rothe / vnd auch Weisse Tinctur figiret werden/ nachdeme jhme ein Fermentum zugesetzet wird; bey ☉ wird Er Roth / vnd bey ☽ eine Weisse Tinctur. Es ist aber besser / daß man ☉ vnd ☽ beysammen nach rechtem gewicht vermischet/ mit dem Sale Artis exaltire / so verwandelt sich die Weisse in ☽ bey dem ☉ auch in Roth / welches meine Augen gesehen / vnd meine Hände getastet haben. Ich habe diese exaltation des Goldes in die höchste Purper-röthe / vnd das Silber in die allerweisseste Farbe vor meiner Kranckheit einigen Freunden gezeiget / es hat aber keiner das Werck forthgesetzet / vnd habe ichs wegen meiner schweren außgestandenen Kranckheiten auch nicht forthsetzen können / welches zu beklagen ist. Ich habe all mein lebtagen guth glück in erfindung grosser Secreten gehabt / seyndt mir aber auch viel hindernüssen begegnet / daß ich nicht grosses habe zum ende bringen können / hoffe aber / daß noch einer vnter dehnen / welchen ichs mit getheylet / wann Er diese weytläufftige Explication lesen wird / einmahl das Werck / welches so leicht thunlich / vnd auch so vnköstlich ist / bey handen nehmen / vnd außwercken werde. Die bereithung dieser Tinctur beschreibet Ovidius gar herzlich / da Er vermeldet; daß sich Jupiter in

einen

Vorrede.

einen Güldischen Regen verwandelt / vnd des Königs / der Archiven schöne Tochter Danaë, welche in einem starcken Thurn bewahret / vnd Er anders nicht bey kommen konte / sich zwischen die Ziegel des Dachs hienunter gelassen / vnd also die Tochter geschwängert; welche hernacher den Perseum gebohren / welcher Perseus sich auf das fliegend Pferd Pegasum gesetzet / sich mit Spieß / vnd Schild versehen zu der schönen Andromeda, welche der Belua Marina zu verzehren vorgeworffen wahr / geschlagen / die Beluam Marinam getödtet / vnd die schöne Andromedam entsetzet / oder erlöset / vnd zum Weibe genommen: hernacher die Gorgones überwunden / vnd die Goldtragende Gärten eingenommen. Allhier bey dieser Fabel ist das gantze Werck klahr beschrieben / daß es aber wenige verstehen / ist die vrsache / daß wenig seyn / welche der sache nachdencken / vnd deren noch viel wehniger gefunden werden / welche einen Stüber für Kohlen anlegen dörffen / einen versuch zu thun. Die Menschen sein jetziger zeit dem müssiggange gar zu sehr ergeben / sie greiffen lieber nach einem mit guthem Wein gefülten Gülden Becher / als nach einer schwartzen Kohlen; man könte ja der sachen nachdencken / so würde man leichtlich begreiffen / waß der Archivorum König bey den Philosophis gewesen / so würde man finden / daß Er vnser schwartze Bley gewesen / darauß wir vnser schneweisses Lac Virginum, oder Aquam Mercurialem bereiten / welches Mercuriacl Waſſer die ſchöne Danaë iſt / welche durch Jovis Güldenen Regen geſchwängert. Archivum iſt eine geheime Cantzeley / darinnen die gröſte Secreta bewahret: Dann in keinem ſubjecto mehr heymliches verborgen / als in dem Königlichem Archivo vnſer ſchwartzen Magneſiæ. Waß iſt ſchöner als Jovis Güldene Regen / dardurch die ſchöne Danaë geſchwängert worden? Woher kombt ſolcher ſchöne Regen anders von dann / alß von vnſerm Sal Artis, ohne welches dem Jovi vnmöglich geweſen / das ☉ in einen ſo ſchönen Regen zu verwandelen? Waß iſt die ſchöne Andromada anders als Diana Apollinis Ehegemahl? Welche der Beluæ Marinæ? ▽ vorgeworffen zu verſchlingen / die durch Perſeum errettet worden. Das gantze Werck eine Tinctur auß obgedachten ſubjectis zu bereiten / iſt durch den Ovidium ſo klahr an tag gegeben / daß es nicht wohl klährer könte gegeben werden. Daß aber jhrer ſo wenig rechten verſtandt davon nehmen / iſt des Autoris ſchuld nicht / ſondern dehren / welche wegen jhren dummen Köpffen die ſache nicht begreiffen können. Alhier habe ich alle ingredientia zu dieſer Tinctur gehörig klahr entdecket / vnd mangelt weyters nichtes / alß hand anzulegen / vnd Glück / vnd Seegen von Gott zu erbitten; Dann von müſſig gehen nimmer etwaß guthes kommen iſt. Aber vom bethen / ſuchen / vnd vnverdroſſener Arbeit alle Künſten

Vorrede. 15

entstanden/ vnd jhren anfang haben. Hiermit wil ich den Usum des Salis Artis in bereitung dieser Univerſal Tinctur auf alle Metallen ſelbige in ☉/ vnd ☽ dardurch zu verwandeln/ beſchlieſſen. Vnd iſt hiermit klahr erwieſen/daß der Propheceyte Elias Artiſta für anders nichts zu halten/alß für das Sal Artis, dardurch des Goldes Röthe/ vnd des Silbers Weiſſe in Tincturen erhöhet/ oder exaltiret werden. Darumb iſt dieſes Saltz von dehnen Philoſophis, welche es gekandt haben/ Monarcha Salium genandt worden; dann alle dinge jhre Monarchas haben/ welche andere durch ihre vortreffenheit/ oder excellirende Kunſt/ vnd vngemeine Wiſſenſchafft übertreffen. Dahero iſt Paracelſus, weiln ſeines gleichen bey ſeinen lebzeiten nicht in der Welt geweſen/ Monarcha Philoſophorum, Medicoum & Chymicorum genandt worden. Vnd ieweilen vnſer Sal Artis ſeines gleichen in der Welt nicht hat/ darmit mehr/ oder gröſſere dinge in Alchimia zu verrichten/ ſo iſt es nicht vnbillich/ daß man ſolches mit dem Ehren-Titul/ Monarcha Salium verehre/ dann mit ſolchem Saltz viel wunder dinge zu verrichten ſeyn/ welches alhier zu erzehlen nicht nöthig iſt. Es iſt genug/ daß erwieſen/ daß Elias Artiſta, wann er kommen wird kein groſſer König/ noch ander Potentat, ſondern vnſer Sal Artis, alß ein Monarch, oder Oberherr über alle Salia ſeyn wird. Zwar nicht über alle/ ſondern nur ein einiges auß-

außgenommen / welches dieses beschriebene so weit übertrifft / als Elias seinen Diener Elisam übertroffen hat; dann wie Elias in einem Fewrigen Wagen nach dem Himmel gefahren / vnd seinen Mantel dem Elisa zurucke gelassen / also kan dieses beschriebene Saltz leichter dem Elisa als Elia zugeeignet werden / weiln Elisa vndten geblieben / vnd nicht wie Elias auffgefahren ist / dann allezeit bey den Chymicis das jenige / so auffähret / durch Fewerskrafft / für besser gehalten wird / alß das jenige / waß zurück bleibet / doch nach gelegenheit der sachen zu verstehen; dann das zurückbleibende nicht allezeit zu verwerffen / dann bißweilen noch viel guttes darinn verborgen ist; wie zusehen bey Eliæ Himmelfahrt / Er seinen Mantel zuruck liesse / welcher nicht ohne kräfften wahr / dann Elisa den Fluß Jordan darmit zertheilen / vnd jhme einen trockenen durchgang machen könte. So keine krafft darinn gewesen/ Elisa hätte keine Wunderwercke darmit thun können. Die Chymici nennen ins gemein das jenige / so in der Distillation, oder Sublimation zurucke bleibet / Caput Mortuum, aber vnrechtmässig / dann in dem zurückbleibenden nicht allezeit der todt / sondern offtermahls eine grosse lebendigmachende Krafft verborgen ist. Wie bey Eliæ zuruck gebliebenen Mantel / dardurch Elisa den Jordan zertheilet / vnd auch dessen (Nemblich Eliæ) Todten beyner / nachdeme sie einen Todten im Grabe angerühret / der

todte durch die anrührung des Elisæ todten beyner wieder lebendig wardt; wehre Eliæ zuruck-
gebliebener Mantel todt gewesen / Elisa hätte den
Jordan nicht darmit trocken machen können;
Wehren Elisæi todten beyner todt vnd krafftloß
gewesen / sie hätten keinen Todten lebendig machen können. Dencke diesem nach / du wirst
mehr finden als ich sagen darff. Betrachte waß
der Jordan gewesen / anders nichts als vnser
☿rial Wasser.

DE SALE ARTIS.

Nachdeme wir nun gehöret / wie durch
das Sal Artis Fixativum, das gemeine
☉ vnd ☽ zu einer Tinctur auf Menschen / vnd Metallen, selbige dardurch
gesundt zu machen / zu bereiten sey: Also ist noch
übrig zu sagen / wie durch das Sal Artis Volatili-
sans particulariter, vnd auch vniversaliter auß allen Vegetabilien / Animalien / vnd Mineralien die
allerherrlichsten Medicamenten / sehr leichtlich /
vnd vnkostlicher weyse in sehr wenig zeit zu bere-
ten möglich sey. Vnd ist dieses zu wissen / gleich
wie albereit erwiesen / daß vnser Sal Artis diese
Natur hat / die flüchtige Metallische Subjecta
fix / vnd Fewer-beständig zu machen: Also kan
jhme ohne mühe / vnd kosten in wenig stunden
seine fixmachende krafft gäntzlich benommen /
vnd dargegen eine andere / alle fixe dinge gantz
flüchtig machende krafft gegeben werden / dardurch dann die allergröste / ja gantz vnglaubliche

bringen. Von dergleichen Wunderthätigen Saltz der jetzigen Welt / das geringste nicht bekandt ist / wird vielleicht auch ehender nicht bekandt werden / biß daß Gott zulässet / durch Eliam Artistam solches bekandt zu machen. Waß ich darvon weiß / werde ich zu gemeinem besten alhier bekandt machen / das übrige wird Gott hernacher zu seiner zeit / durch gutte Leuthe auch wohl offenbahren lassen. Dieses fixmachende Sal Artis nun flüchtigmachend zu machen / ist eine sehr geringe Kunst den Wissenden / hergegen den Unwissenden ein unglaublich ding: Solches aber glaublich zu machen / mir sehr leicht thunlich ist / nemblich also: Ubergiesse unser Sal Artis nach rechtem gewicht mit einem guthen Spiritu Vini, abstrahire den Spiritum Vini wieder davon / so bekommestu einen wunderbahrlichen Spiritum, dann Er durch unser Sal Artis eine gewaltige krafft erlangt / das Sal Artis aber hergegen also geschwächet wird / daß es hiernach nicht mehr zu gebrauchen: der Spiritus Vini aber solche grosse dinge verrichtet / dergleichen in der Welt noch nicht bekandt gewesen / wie wir nacheinander höhren werden. Dann der Spiritus Vini wohl zehenmahl stärcker geworden / alsi daß Er vor der Abstraction gewesen / würde auch die Tincturen auß dem ☉ / vnd ♂; wie auch allen edlen / vnd vnedlen Steinen / vnd führet dieselbige mit sich über den Helm. Von dergleichen künstlichen Extraction, vnd Separation der Tingierenden Seelen der fixen vnd vnfixen Cörpern / noch kein einiger Philosophus, die geringste anrührung davon gethan hat. Daß ich aber so freygebig bin / vnd so klahr herauß gehe / hat seine vrsachen / nicht nöthig jeder Mann zu wissen. Es ist genung / daß ich das jenige der Welt zum besten bekandt mache / welches vor mir kein lebendiger Mensch gethan hat. Laßt vnß derohalben sehen / waß für grosse Secreta durch vnsern Spiritum Vini Alcolisatum zu erlangen. Paracelsus hat seinen Spiritum Vini Alcolisatum, Alcohol Vini genandt / darmit Er viel grosse dinge verrichtet: Daß aber sein Alcohol Vini dem meinigen in kräfften solte gleich gewesen sein / das ist nicht glaublich / dann solches nicht so lange hätte konnen verborgen bleiben. Es sey ihm nun wie ihm wolle / Paracelsus bleibet noch ein Monarcha Medicorum, & Alchimistarum, ob Er gleich vnser Sal Artis zur bereitung eines so wunderthätigen Alcohols Vini nicht gewust / dann niemandt alles wissen kan / Gott theile seine Gaben also auß / gleich es ihme gefällig ist. Vnd solte billich ein jeder mit dehme / waß ihme Gott geben zu frieden sein / vnd seinem Nehesten nicht mißgönnen / wann Er mehr von Gott empfangen / wie jener murrende Arbeiter im Weinberge gegen seinem Herrn gethan hat. Mir wirdt noch alle tage von gottlosen Leuthen mißgönnet/ daß mir Gott so viel guthes gegeben/ vnd sie nichts erlanget haben. Ich achte es aber so viel nicht mehr/ als ich zu vorn gethan habe: Doch werde ich nicht vnterlassen/ mit nächsten/ so es Gott beliebet/ eine general Apologiam gegen solche gottlose Ehrendiebe herauß zu geben/es wehre ehender geschehen/ wann ich ihre Nahmen hätte erfahren können/ sie werden der straffe Gottes nicht entlauffen/ wie dann albereit der Teuffel/ alß deren Meister im Lügen etliche seiner getrewer Diener zu sich genommen hat/ die andere werden zu seiner zeit auch wohl folgen. Laſt vnß nun zu wercke gehen vnd sehen/ waß guthes mit vnserm Alcohol Vini außzurichten.

Erstlich ist zu wissen/ daß die Vegetabilia, vnd Animalia zu vorn müssen pulverisiret werden/ wann sie trocken sein/ aber nicht trucken können sie nur etwaß gequetschet werden/ vnd alß dann mit Alcohol Vini übergossen/ wann sie trocken/ etwaß digeriet/ aber nicht trocken kan man den Spiritum Vini alsobalden davon abstrahiren/ so führet Er alle kräfften der Vegetabilien/ vnd Animalien/ neben volkommenem geschmack/ vnd geruch/ bißweiln auch bey den Blumen/ die farben mit sich über/ welches bißhero noch vielleicht niemandt thun können. Bey den Mineralien aber muß eine andere vorbereitung geschehen/ dann vnser Alcohol so mächtig nicht ist/

ist / die hartte Minerialia / vnd Compacta Metalla anzugreiffen / vnd jhre Essentias darauß zu ziehen / sondern sie müssen zu vorn mit Vncorrosivischen Wassern auffgeschlossen / vnd alß dann mit vnserm Alcohol Vini übergossen / etwaß digeriret / vnd hernacher distillirt werden / so führet der Spirit. Vini die Essentias mit sich über / vnd sonsten nicht. Dieses ist die rechte vorbereitung der Vegetabilien / Animalien / Mineralien / vnd Metallen / daß / nemblich / die Vegetabilia, vnd Animalia, wann sie trucken sein / müssen pulverisiret / vnd die noch vngetrocknete gequetscht werden / ehe man den Spiritum darauf geust zu extrahiren. Vnd sollen die Metallen / vnd Mineralien / wie gesagt / zu vorn in Vncorrosivischen Menstruis, oder Liquoribus klahr auf solviret sein / ehe der Spiritus Vini Alcolisatus darauf gossen wirdt. Dieses allein ist in acht zu nehmen / in der vorherbereitung der fixen Metallen / vnd Steinen / daß dieselbige mit fixen Wassern / oder Liquoribus, vnd nicht mit flüchtigē müssē solviret werden. Dann wann das Solvens flüchtig wehr / so würde solches flüchtige Solvens mit dem Spiritu Vini in der destillation auch mit übergehen / vnd alles verderben / dann nach der destillation der Spiritus Vini wiederumb von der übergeführten Quinta Essentia muß gescheiden werden: so dann das Solvens mit übergangen wehre / so würde es bey der Medicin bleiben / vnd dieselbige verderben / welches nicht sein soll. Darum sehr

viel

viel an dem Solventi gelegen ist / dann es ohne Corrosiv, ohne Geruch / vnd nachtheyligen Geschmack sein muß. Vnd ist das Solvens zu diesem Werck immer so hoch in acht zu nehmen / als der Spiritus Vini, dann in diesen beyden die gantze Kunst bestehet. Der nun in diesem Gülden Aepffeltragenden Garten guthe Früchten pflantzen wil / derselbe muß mit diesen zween Hauptschlüsseln versehen seyn; nehmlich wie albereit gesagt/ mit einem Vncorrosivischen/ wie auch vnflüchtigem Menstruo damit Er die Mineralien / vnd Metallen solvire / vnd auch seinen Spiritum Vini wohl zu Alcolisiren wissen / sonsten wird Er die Tincturen der Metallen nicht erlangen. Dieses habe ich von der vorbereitung der Vegetabilien / Animalien / vnd Mineralien generaliter sagen sollen. Wollen derohalben nun in Gottes Nahmen anfangen auch zu lehren / wie die Vegetabilia, Animalia, vnd Mineralia particulariter in die allervnvergleichlichste / oder alleredelste Medicamenten zu bereiten.

Vnd erstlich von den Vegetabilien. Die Essentiæ Vegetabilium sollen mit mittelmässiger hitze in einem Balneo übergetrieben werden / vnd sol man den Spiritum in vnterschiedlichen Recipienten auffangen / dann waß zu erst übergehet / das hat eine andere Natur / alß das mittelste / vnd letstere / dann bey einigen Vegetabilien / gehet das bessere Theil erstlich / vnd das geringere zu letzst / bey andern gehet das geringere mit erst/

vnd

vnd das beste zu letzste. Darum man das übergehendende in vnterschiedlichen Gläsern auffangen sol. Man kan leicht erachten / daß die kräfften der Blumen / vnd Kräuter / sonderlich der noch grünen ehender übergehen / alß der hartten Hölzer / darinn die Essentia härtter gebunden / alß in den Zartten Blumen / vnd Kräutern: Welches die übung wohl lehren / vnd wahr machen wirdt. Wird man in dieser Destillation recht zu werck gehen / so wird man seines hertzen grösten lust sehen / vnd Gott für ein solch grosses Liecht nicht genungsam dancken können: Dann der Spiritus Vini Alcolisatus der Vegetabilien Essentias, odoris fragrantissimi überführet / welches ein gemeiner Spiritus Vini nimmermehr thun kan. Mit gemeinem Spiritu Vini kan man zwar die Vegetabilia, vnd Mineralia extrahiren / aber die extrahirte Essentias nicht über den Helm führen / sondern nur extracta machen / welche Extracta gegen diese Essentias, so durch vnser Alcohol Vini übergeführet / gantz nicht zu vergleichen / sondern wie hülsen dargegen zu rechnen sein. Dann vnsere Essentiæ, wann sie in Leib genommen / alsobalden denselben durchgehen / vnd jhre Feynde suchen / dieselben antasten / vnd vertreiben / welches grobe Medicamenten nicht thun können. Deßgleichen thun auch die mit der Flamm / daß übergestiegene Spiritus Vini, Mercurialische flüchtige Salia, Tincturen / oder Animæ Metallorum, durchgehen den Leib / vnd vertreiben jhre Feynde. Nicht weniger thun es auch die Tincturen der Steinen auf diese weyse übergeführet. Doch nicht also zu verstehen / alß wann der Spiritus Vini Alcolisatus sambt der Tinctur solte müssen in Leib genommen werden; gantz nicht. Der Spiritus Vini muß wieder von der Tinctur gescheiden werden. Alß zum exempel. Ich führe durch vnser Alcohol Vini die Quintam Essentiam auß den breiten Kießlingen/ oder Kristallen über / vnd wil dieselbige gegen den Stein der Blasen / Nieren / Juncturen des Leibes da Er gewachsen gebrauchen / so darff ich die Essentiam Lapidis also mit dem Spiritu Vini vermischet / nicht in Leib geben / dann waß die Essentia guth machte / würde der stärcke Spiritus wegen grosser hitze verderben. Darum man solchen hietzigen Spiritum zuvor / ehe man die Essentiam gebrauchen kan / davon scheyden muß / welche scheydung per destillationem nicht geschehen kan / dann die Essentia also vom Spiritu Vini nicht zu scheyden ist / dann beyde zu gleich mit einander übergehen würden. So kan man auch die Tinctur, oder Essentiam Lapidis durch eine Præcipitation auß dem Spiritu Vini keines weges separiren; Waß rath dann? Der einige weg zu einer scheydung zu kommen ist dieser; nembilich / wann man den Spiritum Ardentem anzündet / vnd vnter einem darzu gemachtem grossem Helm verbrennet / so verzehret sich der Spiritus Vini mit der flamm / vnd die vnverbrenn.

brennliche Essentia Crystalli bleibet vnverbrandt in gestalt eines lieblichen süssen Oels liegen. Vnd ist dieses zu wissen/ wann der Spiritus Vini verbrennet/ nur/ der Sulphur Vini, der vnverbrennliche ☿ rius Vini aber nicht verbrennen kan/ sondern gehet vnverletzet mit der flamm in den Helm/ vnd Recipienten/ fänget/ oder condensiret sich daselbsten in ein liebliches süsse Wasser.

NB. Dieses ist zu wissen/ ein Spiritus Vini, wie hoch Er rectificiret sey/ dannoch vngefähr halb Wasser ist/ welches Wasser mit der Flamm auffsteiget/ vnd sich im kalten recipienten fangen läst. Es ist aber dieses Wasser kein gemein simpel Wasser/ sondern es ist ein kräfftiges Aqua Vitæ, sonderlich wann der Spiritus Vini über Medicinalische Species ist rectificiret worden. Vnd wann dieses auch nicht mehr/ so ist dannoch solches Wasser guth/ dann der vnverbrennliche ☿ rius Vini darinn verborgen ist/ welcher auch davon zu scheyden/ wann man solches Wasser seyn Linde in Balneo vaporoso abstrahiret/ so bleibt der ☿ rius Vini zuruck in gestalt eins weyssen lieblichen Saltzes voller Himmlischen kräfften vnd tugenden. Wie dann dieses Saltz/ oder ☿ rius Vini allezeit von den wahren Philosophis, Sal Cœleste ist genandt worden. Vnd ist auch dieses zu mercken/ wann das Wasser von dem ☿ rio Vini abstrahiret/ daß solches Wasser dannoch nicht ohne kräfften ist/ sondern vnsichtlich noch etwaß Salis Cœlestis bey sich verborgen hat / sonderlich wann der Spiritus Vini mit guthen Subjectis in der Destillation, oder Rectification imprægniret worden. Nachdeme man nun Subjecta zu der Imprægnation gebrauchet / nachdeme das Sal Cœleste, oder ☿ rius Vini auch krässtig ist. Alhier haben wir gesehen / wie auß den Kießlingen / vnd Crystallen durch vnsern Alcohol Vini jhre Essentias, zu extrahiren / vnd über zu führen.

Wann dann dieser Spiritus Vini Crystallisatus vnter einem rechten Helm verbrandt wirdt / so bleibet zwar der mehrentheyls Essentia Crystallorum zurück in gestalt eines lieblichen klahren Liquoris alß höchste Medicin gegen alle Tartarische Kranckheiten / Stein in der Blasen / Nieren / vnd andern orthen des Leibes / darmit zu solviren / vnd auß zu führen. Aber es steiget auch der allerreyneste theil des Crystals mit der Flamm über sich in den Helm / in gestalt eines lieblichen Wassers / welches △ / wann es in Balneo Vaporoso auffs allerlindeste abstrahiret wirdt / so bleibt der ☿ rius Crystallorum, in gestalt eines weissen lieblichen Saltzes zurücke / welches in Calculo, Podagra, vnd aller dehren Geschlechten viel krässtiger würcket / weiln es Volatilisch ist / alß das Oleum, oder Liquor, welches im Schälge fix zu rücke geblieben ist. Gleich wie nun alhier bey den Crystallis, oder Silicibus procediret worden / also auch mit andern Steinen soll procediret

ret werden; Doch sol man dieses wissen/ daß die Steine nicht einerley arth/ vnd eigenschafft seyn/ dann dehren geschlecht etwan fünffe/ oder sechsserley gefunden werden/ alß nemblich/ die Cryſtallen-arth mancherley/ alß Weiß/ Durchsichtig/ Klar/ vnd Hell/ auch Vnklar/ Weiß/ Grün/ Blaw/ Roth/ Gelbe/ Schwartz/ &c. laſſen ſich alle mit Saltzen in Gläſern ſchmältzen von mancherley Farben: Vnter dieſe Cryſtallen-arth/ werden auch gerechnet alle Weiß/ oder gefärbte Kießling/ aller klein/ vnd grober Sandt/ der ſich mit Saltzen zu Glaß ſchmeltzen läſt. Dieſe arth Steine laſſen ſich mit Alcaliſchen fixen Salien ſchmeltzen/ vnd in einen Liquoren bringen/ von welchen Liquoribus ich weytläufftig geſchrieben in dem zweyten Theyle Furnorum.

Dieſe arth Steine/ welche ſich mit Alcaliſchen Saltzen ſchmeltzen laſſen/ laſſen ſich auch mit einer Bley-aſchen zu einem durchſichtigem Glaß ſchmeltzen; hergegen die edel Geſteine/ alß da ſeyndt die Diamanten/ Rubinen/ Sapphier, Hyacinten/Granaten/ vnd dergleichen einer gantz andern Natur ſeyn/ dann ſich dieſelbige weder mit Alcaliſchen Saltzen noch Saturno in Gläſer ſchmeltzen laſſen/ derohalben bißhero noch niemandt geweſen/ welcher mit wahrheit hätte ſagen können/ daß Er etwaß guttes zur Medicin dienſtlich darauß bringen können. Dann ſolche Steine ſich auch nicht mit den allerſtärckeſten
Corro-

Corrosivischen Wasseren auf solviren lassen.

NB. Wie wohl ichs thun kan ohne Corrosiva, (gehöret aber alhier nicht gemein zu machen) dannoch ist die blinde Welt nicht Weiß zu machen in ihrer thorheit / wie viel gleich von erfahrenen Männern dargegen gesprochen wirdt / wann sie nehmlich solche harte Steine noch allezeit / wann all ihre Sudel-Medicamenten nichts helffen wollen / alß dann herfür kommen mit ihrer vntüchtigen Confectio Hyacinthorum, darmit wollen sie grosse dinge thun; waß sie aber thun / findet sich am ende / dann solche vnwissende Medici mit solchen ihren krafftlosen Steinen den Krancken nur schaden / vnd gar keine hülffe beybringen / vnd solches daher / weiln bey solcher vntüchtigen Confection nicht allein die fünff Diamantische harte edel Gesteine / alß Hyacinthen / Rubinen / Granaten / Sapphiren / Schmaragden / sondern auch geschlagen ☉ vnd ☽ Blätter sie in ihre Confectionem nehmen / welche des krancken Magen im geringsten nicht nützlich / sondern nur schädlich sein können; dann ☉ vnd ☽ immer so wenig nutzen schaffen kan / alß die harte Steine / sondern hangen sich fäst an / in des Magens falten / vnd verhindern die Däwung.

Ich habe diesen groben Fehler manchem Medico mit Finger gezeiget / vnd erwiesen / daß der erste Erfinder solcher närrischen Confection ein rechter Esel gewesen / vnd nichts in natürlichen dingen

dingen verstanden gehabt / vnd könte man die Nachfolger mit recht wohl Kinder nennen / wie wohl die älteste / vnd vornehmste Galenici, so fäst auf stehen / daß jhre Medicin gutt sey.

Waß sage ich von den Galenicis, welche im Fewer nichts gethan / vnd auch keinen verstand haben vom ☉ vnd ☽ / viel weniger von den harten edel Gesteinen: Dehnen wehre solcher grobe Fehler noch zu vergeben: Es thuns aber auch viel Medici, welche jhnen einbilden / die Chimiam zu verstehen / geben sich auch darfür auß / vnd bleiben doch bey einem solchen grossen Fehler beständig haltende. Ich habe bey manchem vndanck verdienet / wann ich gegen solche thorheit geredet / das Sprichwort lautet aber / alte Hunde sein böse bändig zu machen / ich zweyffel aber nicht / die nachfolgende Jugent werden der sachen mit der zeit nachdencken / solche grosse Fehler finden / vnd auch verbesseren. Dieses wenige habe ich anzurühren nicht vorbey gehen können / der es vorhin weiß / derselbe darff es nicht lernen / die aber in dieser Sachen noch vnwissende / können von diesem viel guttes erlernen.

Nun weiters von Steinen zu reden / so findet man auch Steine / welche gemeiniglich in fetter Erden / auch wohl in Wasserflüssen gefunden werden / als da seyn der Lapis Judaicus, Linci, vnd dergleichen / welche nicht sehr hartt seyn / sondern sich mit einem gutten Spiritu Salis
sol-

solviren lassen / werden auch noch zur zeit von den gemeinen Chimicis den Calculosis gebrauchet / aber ohne gutten Succes, dann der grobe Stein durch den Spiritum Salis in der Solution nicht verbessert / sondern viel mehr verböfert wird / dann keine scheydung des reynen vom vnreynen geschicht. So aber solche Steine auf diese meine vorgeschriebene weyse tractiret / vnd in jhre Essentias gebracht werden / alß dann würde man ein mehrens / alß bißhero geschehen / darmit außrichten können.

Weyters so finden sich mancherley arthen Kalcksteine / welche sich weder mit Alcalischen Saltzen / noch Bley-Aschen schmeltzen lassen / sondern verbrennen im starcken Fewer zu einem weissen Kalg: Vnter welche Kalgsteine auch kan gezehlet werden des Helmontii Ludus, welcher sich / wie auch andere dergleichen arth Kalgsteine mit vnserm starcken Salmiac sublimiren / vnd in Liquores bringen läst. Darvon albereit in meinen Schrifften / vnd insonderheit Siebenten Theil meiner Pharmacopœiæ Spag. gehandelt worden. Auß solcher arth Steinen kan durch vnser Alcohol Vini, wann sie zuvorn zu einem weissen Kalg verbrandt seyn / eine hertzliche Medicin gegen alle geschlechte des Podagrams bereitet werden. Wie dann der fromme Deutsche Philosophus Basilius Valentinus schreibet / daß Er mit der Essentia Calcis Vivæ des allergroßmächtigsten Deutschen Keysers / Herrn Cantzlern darmit vom Podagra erlöset habe. Welches dann glaublich ist auß einem verachtem Calce Viva durch Kunst eine solche edle Medicin zu bereiten / vnd ist desto glaublicher / weiln jhme / nehmblich Basilio der Modus bewust gewesen / auß einem Spiritu Vini den ☿ zu separiren durch die Flamm: Zu welcher separation Er auch ein sonderlich Instrument von ☿ zu machen gelehret hat. Hat Er dieses gewust / so hat Er auch wohl gewust / wann die Essentia Calcis Vivæ in den Spiritum Vini gebracht / selbige durch die Flamm reyn / sauber / vnd verbessert / wiederumb darauß zu scheyden möglich: Also / vnd auf diese weyse wird Er ohne zweyffel seine Medicin ex Calce Viva bereitet haben; so daß nicht geschehen / Er würde gewißlich solche grosse Curen darmit nicht gethan haben.

Weyters ist auch zu wissen / daß auch noch andere / vnd bessere Steine seyndt / welche zu einem Kalck gebrandt können werden / darauß durch vnser Alcohol Vini ein universal Medicin, contra Podagram & Calculum zu extrahiren möglich / nemblich / die Schalen / oder Muschelen der See-Schnecken / Austers genandt / geben einen fewrigen Kalg.

Deßgleichen thun auch alle Gewächsse des Meers / als da seyn die Steine in den Spongiis, wie auch alle andere sorten der Corallen / Perlein / vnd Perlein-Mutter einen herrlichen Kalg geben.

Vnter

Vnter allen Steinen aber halte ich diese für die besten / welche in Thieren / Vögeln / Fischen / auch Menschen gefunden / zu Kalck gebrandt / vnd per Alcohol Vini die Essentiam außgezogen / vnd in einen lieblichen Liquorē gebracht werden.

Vnter den Fischen seynde die Schelfisch / Witting / Kaulbarsche / oder Bossen / wie auch die Krebsteine gutt / müssen aber gebrandt werden / ehe man etwas guttes darauß zur Medicin dienstlich bereiten kan: Dann also rauch gebraucht / solten sie ehender Steine im Leibe generiren / alß selbige zu vertreiben / das ist zu mercken.

Alhier haben wir nun genungsam vernommen / wie auß etlichen Steinen eine gutte Medicin gegen alle geschlechten des schmertzhafften Podagrams, wie auch Steine der Nieren / vnd Blasen solche darmit zu vertreiben sollen bereitet werden.

Nun wollen wir auch hören / waß für Steine dienstlich durch vnser Alcohol Vini zu extrahiren / vnd zu Tincturen auf Menschen / vnd Metallen zu bereiten seyn.

Last vns nun weiters gehen / vnd sehen / waß für Steine bequem seyn durch vnsern Spiritum Vini Alcolisatum Tincturen auf Menschen / vnd Metallen darauß zu ziehen: Dann nicht alle Steine / wann sie gleich viel fixe gutte Farben haben / bequem seyn / die Tincturen darauß zu ziehen / dann etliche von den edel Gesteinen zu thewer fallen würden / wann man gleich nur derosalben fragmenta nemen solte. Etliche lassen sich nicht handeln / als da seyn die Granaten / Sapphiren / Rubinen / Hyacinthen / Schmaragden / Türckoisen / &c. Welche sonsten mit einer hohen / vnd fixen Farb begabet / aber dannoch jhre Farben extrahiren zu lassen / vnbequem seyn; hergegen aber alle die jenige Steine welche hoch von Farben / vnd sich auch handelen / oder solviren lassen guth seyn / dann ohne vorhergehende Solution auß den festen Cörpern nicht möglich ist die Farb zu extrahiren. Darumb man solche Steine erwehlen soll / welche sich handeln lassen/ vnd zu gleich auch viel fixer Tinctur haben; Als da seyn / der grüne / oder rothe Jaspis / der blawe Lapis Lazuli, die schwartze Magnesia: Welche mit Güldischer Tinctur häuffig erfüllet seyn. Auch seyn alle diese Steine guth / welche hoch von Farben / vnd glatt von bruch wie ein Glaß in den gebürgen in Wasserflüssen gefunden werden. Wann der Jaspis, oder Lapis Lazuli nicht zu thewer wehren / so solte man solche nehmen. Daß der Jaspis besser als ☉ sey / bezeugen der alten Schrifften; als nemblich:

   Waß ist besser als ☉? Der edel Gestein Jaspis.
   Waß ist besser als der Jaspis? Die Tugend.
   Waß ist besser als die Tugend? Gott.
   Waß ist besser als Gott? Nichts.

Hier auß ist zu sehen / daß die Alten auf die Tincturen Jaspidis gesehen / vnd nicht auf die schönheit / sonst hätten sie nach dem ☉ ein köstlicher / vnd auch schöner edel Gestein als da ist / ein Diamant, Rubin / Schmaragd / oder dergleichen thewern Stein einen gesetzet; ist also gewiß auß einem rechten Jaspide eine hertzliche Tinctur zu ziehen / nicht weniger auch auß dem Lapide Lazuli; vnd noch besser auß der schwartzen Magnesia, welche nicht thewer ist/ vnd doch viel Tinctur bey sich hat. Last vns derhalben diesen vnachtsamen Stein für die handt nehmen / vnd besehen / wie leichtlich jhme seyne schöne Farb durch hülffe vnsers Alcohols Vini zu benehmen / vnd wie auch solche Tinctur hernacher so wohl in Medicina, alß auch Alchimia mit guttem nutzen zu gebrauchen sey.

Processus.

℞ ein / oder zwey ℔ schwartzer / vnd schwerer Magnesiæ, pulverisire dieselbe seyn klein / vnd solvire solche mit vnserm universal Steinwasser/ darmit fast alle hartte Steine zu solvirn seyn / so wirst du eine Graßgrüne Solutionem erlangen / filtrire das Solutum, biß du wohl mit umbgangen / so werden dir sehr wehnig Feces, so nicht solviret wehren / zurücke bleiben.

Diese Solution ist dan ferttig / vnd bequem mit vnserm Alcohol Vini übergossen zu werden / die

die Tinctur darauß zu extrahiren / vnd per Alembicum zu führen.

NB. Wie wohl die Solutio Grün ist / so gehet dannoch in der destillation der Spiritus Vini schön Goldgelb über. Vnd wann Er vnter dem Helm verbrandt wird / so gehet zwar mit der Flamm der allerreyneste ☿ rius Magnesiæ über zur Medicin zu gebrauchen; Vnd bleibet ein Bluthrother Liquor, als eine sehr hohe Tinctur, nicht allein auf Menschliche / sondern auch auf Metallische Leiber selbige darmit zu verbessern zurücke / sondern es können auch mit dieser Tinctur die Crystallen in vnterschiedliche schöne Farben tingiret werden/daß sie den edel Gesteinen an der schönen Farb gleich seyn / doch nicht an der härtte. Dann wann dieses geschehen könte / solte man nichts bessers begehren wollen / in kurtzen gar leichtlich ein groß Reichthum dardurch zu erlangen; wie aber diese Tinctur auf die weisse Metallen zu appliciren / darff ich so gemein nicht machen / welchem Gott diese Tinctur in handen giebt / derselbige wird auch wohl finden / wie Er solche gebrauchen soll.

In Medicina ist diese Tinctur gegen die verstopffungen der Leber / Miltzes / vnd auch Lungen gutt zu gebrauchen/ der mit der Flamm übergestiegene weisse ☿ rius ist ein hertzliches Cordiale, Stomachale, Cephalicum, Nephriticum, wie auch excellente Podagricum. Der nur einmahl diese schöne Tinctur wird bereitet haben /

derselbige kan darmit künsteln / Er wird viel mehr guttes darinnen finden/ alß ich jhme schreiben kan.

Den Modum Præparandi hat Er alhier klar beschrieben / vnd wie alhier mit dem Stein Magnesia procediret worden / also kan man auch mit andern Steinen verfahren / Tincturen darauß zu ziehen/ vnd wird ein jede Tinctur der Steinen seine sonderlich arth / vnd eigenschafft haben. Wehre es möglich/ alle edel Gesteine zu solviren/ gleich wie es nicht möglich ist / Man würde wunder dinge außrichten können. Wir solten vnß aber billich genügen lassen / vnd Gott dafür dancken / daß wir auß etlichen von den besten jhre Tincturen/vnd Essentien extrahiren können. Dann wir nicht nöthig haben zu wissen / wie alle Steine zu solviren / wir wissen genung/ wann wir nur dieses / so wir alhier gehöret / in acht nehmen / vnd fleissig betrachten / so werden wir finden / daß solche hohe Arcana in der Welt noch nicht bekandt gewesen.

Dieses sey auf dießmahl genung gesagt von extrahirung der Tincturen auß den hartten Steinen.

Nun ist noch übrig auch etwaß zu sagen / wie durch vnser Alcohol Vini die Tincturen / oder Essentiæ Mineralium & Metallorum ohne vorgehende Solution, oder andere dergleichen vorbereitung gantz leichtlich über zu treiben ; vnd geschicht solches also. Mache in einem erden Tie-

Tiegel zwischen Kohlen in einem Wind-Ofen 2. 3. 4. mehr / oder weniger ℔ Marcasitæ Sulphureæ, oder Schweffel-reiche ♂/♀/♃/♄/☿/ oder ☉ Kieß glühent / vnd wann sie wohl glühen / alß dann solstu diese glühende Steine also in gantzen stücken in meinen zweyten Destillir-Ofen / daran ein grosser Recipient accommodiret seyn soll / werffen / vnd alsobalden auf die Steine einen Löffelvoll / vngefähr Unciam Unam vnsers Alcohols Vini giessen / den deckel schnel wieder darauf setzen / so wird der Spiritus Vini in die steine Krichen / aber wegen die hitze nicht lange verbleiben / sondern alsobalden wieder aufsteigen / vnd den Metal-Geist mit sich überführen / alß dann soll man wieder einen Löffel voll Spiritus aufgiessen / vnd überführen lassen / vnd solches so offt wiederholen / alß es nöhtig seyn wird. Wann aber der Kieß / das Ertz / oder Marcasita kalt worden / so nimbt mans auß / macht es wieder glühend / thuts ins Destillir-Geschir / giest Spiritum Vini darauf / vnd führet darmit den Metal-Geist auß dem Ertz. Vnd thue dieses so offt / vnd vielmahl mit wieder glühend machen / vnd aufgiessen des Spiritus Vini, biß daß du des Metal-Geistes genung hast. Dann verbrenn den Spiritum Vini, so bleibt dir eine hertzliche Essentia Metallorum zurück / welche du gebrauchen kanst / so gutt du weist / vnd dein verstand mit sich bringet. Dieses versichere ich dich / daß dieser Modus die Metal-Geister in

Copia zu erlangen / der allerleichteste ist. So geringe nun dieser Proces also obenhin anzusehen / so hoch ist Er zu achten / dann mehr dardurch entdecket worden / alß jhme mancher einbilden möchte; Ich weiß / waß ich geschrieben habe / wann es gleich nicht von jeder Mann verstanden wird / ist nichts angelegen. Also sol es seyn / vnd auch bleiben / daß solche grosse Arcana, Secreta verbleiben / vnd nicht gemein werden; welcher nun seyne Metallische Spiritus auf diese weyse nicht zu machen verstehet / derselben kann die Metallen in jhren Menstruis solviren / mit Spiritus Vini übergiessen / vnd jhre Essentias überführen / vnd solche nach seynem eigen Kopffe / oder verstandt gebrauchen / so gutt Er kan.

Es ist doch genung gesagt / daß die Metal-Geister / wann sie zusammen gossen / einander verbesseren.

Ein mehrers werde ich dießmahls nicht offenbahren / es ist albereit den Vnwürdigen zu viel gegeben / den Gottesfürchtigen wird Gott auch wohl weitters helffen.

Auf diese weise können die Essentiæ auß allen gemeinen Steinen / Sand-Kießlingen / Metallischen Ertzen / gefärbter Erden / Roth / Grün / Blaw / oder dergleichen ohne einige vorbereitung übergeführet werden / darfür Gott hoch gelobet sey in alle Ewigkeit / Amen.

Nachdeme wir nun verstanden / wie daß man auß den Marcasiten / oder Schweffelhaltenden

Metalli-

Metallischen Ertzen grosse Tincturen / vnd kräfftige Essentias ohne einige vorbereitung / durch vnsern Alcohol Vini überführen können:

Also / vnd auf solche weyse kan man auch noch auß viel andern Mineralischen Subjectis ihre Essentias überführen / vnd solches gleicher weyse ohne vorhergehende Præparation, aber sonderlich auß solchen Mineralischen Subjectis, welche ohne das flüchtig seyn; Alß da seyn / die Minera Kobolti, Arsenici, Auripigmenti, Bismuti, Zinci, Calaminaris, oder dergleichen Realgaria auß welchen wir durch diesen vorbeschriebenen Modum sehr gifftige / aber darneben wunderbahrlicher arth Spiritus zur Metallischer verbesserung über zu führen wissen. Deßgleichen kan man auch auß den hartten Compacten Metallen ohne vorhergehende Solution jhre Spiritualische kräfften überführen / doch daß dieselbige zuvorn klein gefeylet / geglühet / ins Destillatorium gethan / mit vnserm Alcohol Vini übergossen / vnd also / wie oben gesagt / übergetrieben werden; so gehet der Metal-Geist mit seinem natürlichen Geruch / Geschmack / vnd Farbe über / in welchen Metallischen Geistern wunder dinge verborgen seyn / davon man der Feder nichts vertrawen darff. Zur Metallischen verbesserung seynd solche Geister am nützlichsten zu gebrauchen / besiehe hiervon des Paracelsi Vexirbuch der Alchimisten, so wirst du contentament finden; Dencke dieser Sache nach / so wirst

wirst du finden mehr als ich sagen darff/ dann es so ein geringe ding nicht ist auß harteen/ vnd Compacten Metallischen Leibern also noch vnzerbrochen jhre vnsterbliche reyne Seelen außzuführen.

NB. Auch gehen solche Metallen/ welche mit Mineralien geschmolzen/ vnd hernach geseylet/ jhre Geister mit Farb/ vnd Geruch viel stärcker über/ als andere einfache Metallen. Nimb ein Prob von gelben ♀/ oder Messing/ lege ein stücklein auf eine glühende Kohle/ daß es warm wird/ so wirstu befinden/ daß ein übeler Geruch davon gehet; oder thue ein wehnig Kohlen in ein von gelben ♀/ oder Messing-gemachten Kohlpfan/ darauff man die Schüsselein mit kalten Speysen zu wärmen setzet/ so wird die Pfann/ wann sie erwärmet/ einen schädlichen/ oder gifftigen gestanck von sich geben/ welchen gestanck nicht allein subtile Menschen gar nicht/ sondern auch starcke Köpffe solchen nicht wohl vertragen können; dieser böse Geruch entstehet daher/ weiln das rothe Kupffer/ welches allein nicht stincket/ mit Galmei gemischet/ solchen gestanck erlanget hat/ dann der Galmei ein flüchtiges/ vnd stinckendes Mineral ist/ welches/ wann es bey dem ♀ ist/ vnd warm gemacht wird/ einen solch übelen gestanck von sich giebet. Vnd wann das rothe ♀ durch den Arsenicum weiß gemacht wird/ so stincket es viel mehr/ alß wann es durch den Galmei gelb gemacht worden/ dieweiln das

Arse-

Arsenicum viel gifftiger ist / als der Galmei. Dieser gestanck / welcher von den gelben ♀ gehet/ ob Er gleich ein Geist ist / so ist Er doch nicht ohne Leib / sondern kan ein geistlicher Leib / oder leiblicher Geist genandt werden. Die Bawren/ oder auch wohl unsere jetzige übelgelehrten Herren Philosophi wissen von solchen Geistern nichts zu sagen / dann sie keine andere Geister mehr kennen/ alß den Wein- oder Bier-Geist/ und wann ihnen derselbige nicht in die Köpffe stiege / daß sie ihn empfünden/ sie wüsten auch nichts davon.

Ich gebe alhier nur ein anzeigung / woher dieser gestanck seine ursache zu stincken hernehme / und der Menschen Hirn / wie auch Hertzen betrübe. Ein Natur-verständiger Mann bewahret sein Hertze / und Hirn vor einem solchen schädlichen gestanck / und suchet solchen flüchtigen Gast zu fangen / und solchen durch Kunst zu einer waren fixen Tinctur auf gelbe / zu figiren. Der gestanck von weiß ♀ / gibt eine Tinctur, das rohte ♀ beständig weiß zu färben.

Es ist genung gesagt / der Ohren hat/ mag es hören / und wer ein mehrers von einem solchen Metallischen geruch wissen will / derselbe lese den Bracescum: Daselbsten wird Er finden / daß auß einem solchen Metallischen gestanck der wahre Lapis Philosophorum, als höchste Medicin gegen alle Kranckheiten der Menschen/ und auch Metallen könne bereitet werden: davon auf dißmahl genung/ an einem andern Orth geliebtes

Nun ist noch übrig zu sagen/ wie die Medicinalische Tingirliche Geister/ oder Seelen auch auß den hartten Steinen ohne solvirung derselben zu ziehen/ vnd in Medicina Ehr vnd Guth darmit zu erlangen. Der Proces ist mit dem Metallischen gantz gleich/ dann wann die Steine alß weisse Kießling/ vnd Crystallen/ oder gefärbte Steine/ als Jaspis, Lapis Lazuli, vnd dergleichen glühend mit vnserm Alcohol Vini übergossen werden/ so führet der Spiritus Vini die Farben der Steinen mit sich über/ von den vngefärbten führet Er nur weiß über/ doch über auß herrlich vnd köstlich in Medicina zu gebrauchen. Auß allen Kalcksteinen wann sie zuvorn wohl gebränt seyn/ führet Er einen solchen starcken/ vnd subtilen Geist über/ daß jhme an stärcke kein ander zu vergleichen ist.

Die Corallen/ vnd Perlein soll man nicht glühen/ dann jhre kräfften im glühen weg gehen/ sondern nur heyß machen/ vnd als dann mit Spiritu Vini übergiessen/ so führet der Spiritus Vini die Essentiam Corallorum schön roth/ vnd der Perlein weiß/ als Milch über.

Der Fischen/ vnd Krebßsteine kan man pulverisiret nur kalt übergiessen/ vnd per Arenam den Spiritum Vini davon ziehen/ so führet gleich wohl der Spiritus Vini Alcolisatus jhre kräfften über. Den Spiritum davon separiret nach meiner lehre/ oder newen Invention verbrent/ so bleibet das wahre Magisterium solcher Steinen/ als

ein

ARTIS.

ein liebliches kräfftiges Saltz ohne alle Corrosiv zurück. Dieses Saltz ist das wahre Magisterium solcher Fischsteinen / vnd können auch dergleichen wahre Magisteria ohn alle Corrosiv nicht allein auß den Corallen / Perlein / Perleinmutter / Schneckenhäuser / wie auch etlicher Vögel-Eyerschalen / vnd dergleichen weychen Steine / alß da seyn der Lapis Linci, Judaicus, Corallinus, &c. bereitet werden. Vnd wolle sich niemandt verwunderen / daß ich von Eyerschalen schreibe: Dann Eyerschalen jhren vrsprung auch von Steinen haben / wie wir sehen / wann die Hüner Winterszeit eingesperret / vnd nicht zur Erden kommen / daß sie Sandt / oder kleine Steinlein essen können / so legen sie Eyer ohne Schalen. Darum die Eyerschalen nicht zu verachten seyn / dann wann sie nach meiner lehr in liebliche Magisteria gebracht / viel guttes in Calculo & Podragra darmit zu verrichten ist. Insonderheit seyn sie guth den gebehrenden Weibern die Geburth dardurch zu befördern / Mutter vnd Kindt zu stärcken / vnd auch nach der Geburth die reliquien auß zu führen.

Der Schwalben-Eyer kan man genung haben / wann sie dieselbe auß jhren Nestern werffen / geben eine gutte Medicin gegen Epilepsiam. Die Eyerschalen von den Quetzeren / wehren besser / wann man dieselbe haben könte / dann kein Vogell mit Epilepsia mehr geplagt ist / als ein Quetzer / wann Er gefangen / Winterszeit bey anderen Vögeln herum laufft / so überfält ihn Epilepsia sehr offt / zappelt mit den Füssen / rühret den Kopff vnd Stärtz / fält endlich auf den Rücken / bleibt nicht lange liegen / stehet auf / vnd rupfft jhme selber ein theil Federn auß / laufft darnach dahin / bey andere Vögel / isset vnd trincket / alß wann Er nimmer kranck gewesen. Weiln man aber dises Vogels Eyerschalen nicht haben kan / so köndte man seine Federn außrupffen / vnd ein Magisterium darauß machen. Dieser Vogel ist Graw von Farben / macht ein seltzam geschrey wann Er flieget / Winterszeit fält Er mit andern Vögeln auf die Vogelheerden / vnd wird gefangen / Sommerszeit wird Er nicht gesehen. Vide Colerum.

Daß ich alhier von Eyerschalen / vnd Federn schreibe / wolle sich niemandt darüber verwundern / dann viel guttes in den superfluis naturæ verborgen. Haben doch einige der vornehmsten Philosophen gelehret / den Lapidem Philosophorum darauß zu machen ; vnter andern einer diese wortten beysetzet / da Er zuvorn von Menschenhaar / vnd Eyerschalen geschrieben.

LICET hæc absurda videantur, nemo tamen omnia novit, nam scriptum est : Stulti Aliquando sapiunt. Collige tu, si quæ Tibi placent, quæ vero displicent abjice, &c. Vide Divum Thomam.

Man könte wohl von noch vielerhand Steinen
Magi-

ARTIS.

Magisteria machen/ die zeit wil es aber alhier nicht zulassen ein mehrers davon zu schreiben/ ein jeder kan den Sachen nachdencken/ vnd selber suchen/ einem Menschen allein ist vnmöglich alles zu thun. Dieses muß ich bey den Magisteriis gedencken/ daß diese Magisteria, wie sie jetzunder in den Apothecken gebräuchlich seyn/ für keine Magisteria, sondern nur für Todte Erden zu halten seyn. Ich habe vor zwantzig Jahren gegen solche vntüchtige Magisteria geschrieben: Es hat es auch hernacher gethan der hochgelährte Zwölferus Keyserlicher Medicus. Es hat aber noch nichts geholffen/ dann solche vntüchtige/ vnd eines gutten Nahmens vnwürdige falsche Magisteria noch heutiges tages im schwang gehen/ dardurch die armen Patienten so jammerlich versäumet werden. Es ist aber zu glauben/ wann Elias Artista kommen werde/ daß Er viel böses abschaffen/ vnd daß guttes dargegen einführen werde/ welches wir hoffen/ vnd nicht daran zweyffeln.

Weyters ist auch nöthig die vorbereitung der Vegetabilien/ vnd Animalien bekandt zu machen/ dann an solcher bereitung nicht wenig gelegen ist/ dann weiln die Vegetabilien/ vnd Animalien von vnterschiedlichen Naturen seyn/ so müssen sie auch auf vnterschiedliche weise tractiret werden. Alß zum exempel/ das Opium ist ein zeher safft/läst sich nicht pulverisiren, darum man solches kann zu dünnen scheiblein schneiden/ vnd auf

auf einen warmen Blech / oder andern warmen orth trucken machen / vnd alß dann pulverisiren / mit vnserm Alcohol Vini übergiessen / etwaß zusammen digeriren / dann überführen / so steigt eine sehr subtile Essentia über / davon der Spiritus Vini verbrandt / solche theils zu rücke bleibt / theils mit dem Mercurial-Wasser auffsteiget / vnd alß ein liebliches Wasser im Recipienten auffgefangen wird. Dieser flüchtige ☿rius Opii ist so kräfftig / daß Er ohne einnehmen / sondern nur daran gerochen / mehr krafft erweyset / alß ein ander gemein Laudanum Opiatum. Der im schälge gebliebene rothe Liquor kan in Leib gegeben werden: der rest im Kölblein geblieben / wird nicht viel nütze seyn alß weg zu werffen: Oder wann man will/ nur mit gemeinem Wasser solviret / filtriret / vnd ad consistentiam Pillurarum Massam condensiret / ist auch noch etwaß zu gebrauchen / vnd vielleicht noch immer so gutt/ alß ein Laudanum Opiatum, wie es ins gemein in den Galenischen Apotheken gegeben wird. Das im schälge gebliebene Oleum ist exellent in seinen tugenden / dann es durch das Fegefewer gangen / vnd von der Flamm des Spiritus Vini corrigiret worden ist. Es hatt dieses Oleum, oder Liquor keinen wiederlichen geschmack / oder geruch als sonsten ein jedes Opium zu haben pflegt / vnd solches daher / weiln es von der Flamm verbessert worden. Aber die jenige Mercurialische krafft /

welche mit der Flamm übergestiegen / ist besser alß das zurück-gebliebene / dann solches klahre Wasser dem Patienten leichter bey zu bringen ist/ weiln es keinen geschmack / oder geruch hat / alß das Oleum. Und wann man will / so kan man das Oleum mit Croco, vnd Sulphure Narcotico Vitrioli Martis inspissiren ad Massam Pillularum bringen / Pillen darauß formiren / vnd also administriren.

Diese Medicin kan bey solchen Krancken/ da schmertzen seyn / vnd kein / oder doch wenig Schlaff ist / viel guttes außrichten: Dann der Schlaff dem Menschen / vnd sonderlich den Alten für sich allein eine hertzliche Medicin ist. Wie dann auch die leibliche ruhe / vnd mässigkeit / oder enthaltung überflüssiger Speisen / vnd Trancks dem Krancken sehr guth ist / dardurch manchem ehend geholffen wird / als durch gemeine Sudel-Medicamenta; vnd kan ich das mit wahrheit sagen / daß per Quietem & Abstinentiam allein / ohne bey gebrauch einiger Medicin ich viel Kranckheiten habe sehen vertreiben / darumb die mässigkeit neben dem Schlaff bey den Krancken allezeit solte in acht genommen werden.

Gleich wie nun alhier durch vnsern Spiritum Tartarisatum, die beste Essentia auß dem Opio zu extrahiren / vnd durch verbrennung des Spiritus Vini das Extractum zu corrigiren ist gelehret worden: Also/ vnd auf solche weise können auch die allerkräfftigste tugenden auß allen Blumen / Kräutern / Höltzern / vnd dergleichen Vegetabilischen Subjectis extrahiret / vnd in jhren angebohrenen kräfften exaltiret / vnd verbessert werden.

NB. Der Hyoscyamus giebt vnß auch eine sichere Schlaffbringende Medicin, also daß wir des Opii wohl entbehren können. Deßgleichen thut auch des Tobacum, vnd jhres gleichen.

NB. Aloën, Myrrham, vnd Crocum auf solche weise tractiret, gibt ein Elixir Proprietatis, welches zehenmahl besser / alß das jenige / so nach Paracelsi, oder Helmontii beschreibung ist bereitet worden. Dann vnser Alcohol Vini auß den Speciebus nur die allerreyneste Essentiam übergeführet / vnd noch darbey solche übergeführte reyne Essentiam durch die Flamm des Spiritus Vini noch reyner macht / vnd aufs höchste corrigiret. Welcher nun ein guth Cordiale suchet auß den Kräutern / Blumen / Sahmen / Wurtzeln / oder Höltzen zu haben / derselbige kan jhme nach seinem guttduncken solche Species erwehlen / oder außsuchen / die Er vermeinet darzu guth zu seyn. Deßgleichen kan Er jhme auch ein guth Cephalicum, ein guth Stomachale, ein guth Nephriticum, ein guth Venereum, oder dergleichen bereiten: So wird Er ein mehrers darmit außrichten können / also sonsten ins gemein bißhero geschehen ist. Dieses aber ist wohl in acht zu nehmen / wann man universaliter

gehen

gehen will / daß mann aller Vegetabilien / vnd Animalien / alß des Großvaters Demogorgonis grünen Mantelß gar wohl entbehren kan. Dann ein klein stück von des Demogorgonis Hertz mehr zu achten ist / als seyn gantzer grüner Mantel. Darum ein universal Medicin zu haben / welche mehr thun kan alß allen Vegetabilien / vnd Animalien zu thun vnmöglich ist: So sol man bedacht seyn ein stück von des Demogorgonis Hertze vor sich zu nehmen / vnd solches nach meiner vorgeschriebener lehre zu tractiren / alß dann wird Er eine solche universal Medicin finden / welche in allen Kranckheiten / wie sie auch möchten genandt werden / mehr guttes verrichten wird / alß mit allen Kräutern / wie fleissig sie gleich möchten bereitet seyn. Besiehe hierüber deß vnvergleichlichen Philosophi, Joannis Bracesci Tractätlein de Ligno Vitæ, so wirstu finden / waß der Demogorgon für einer sey. Du wirst auch finden / waß seine Kleyder / vnd auch innerste edle Hertzgeblüthe sey; darauß du dann ein genungsames contentement nehmen kanst.

Nur Obiter ein wenig von dem Demogorgone zu reden / so ist dieses zu wissen / daß die alten Philosophi das grosse Vniversal-werck nicht so offenbahrlich / daß es von jeder Mann hätte können begrieffen werden / geschrieben haben / sondern sie haben die Kunst durch vielerhand Ænigmata gantz verdunckelt herauß gegeben /

vnd

vnd der eine auf diese / vnd der andere auf eine andere weyse solches gethan hat. Doch haben sie fast alle mit einander auf den Demogorgonem gewiesen / welcher in Centro Terræ seinen sitz / oder wohnung habe / vnd sey mit einem rußigen grünen Mantel vmbfangen. Der Demogorgon bedeutet nichts / alß das Centralische Fewer / welches Gott / da Er die Welt geschaffen / zu einem Centro, oder immerwehrendem lebendigmachenden Fewer gesetzet hat. Durch welches lebendigmachende Fewer in der Erden nicht allein alle Metallen / vnd Mineralien gebohren worden / sondern es werden auch alle Vegetabilien, als Kräuter / Hecken / Stauden / vnd grosse Bäume vielerhandt arths dardurch herfür gebracht / vnd zu jedes Geschlechts fortpflantzung ihre Sahmen einverleibet. Darum solcher Demogorgon von den Philosophis für einen Großvater aller Heydnischen Götter / als Metallische Subjecta, wie auch ein Erhalter / vnd Versorger alles des jenigen / so in / vnd ausser der Erden ist / gehalten worden. Dann alles daß jenige waß in / vnd auch ausser der Erden wächsset / nur einen einigen anfang hat: nemblich / den Domogorgonem. Besiehe hiervon Cosmopolitæ 12. Tractätlein.

Die Metalla, vnd Mineralia seynd dem Demogorgoni am näheften zu gethan / gleich wie dem Menschen das Hembde näher lieget als der Rock / also auch die Metallen / vnd Mineralien /

alß

alß des Demogorgonis Hembde / vnd die Vegetabillen / oder alles waß oben auff der Erden wächsset / für seinen Rock zu halten ist. Darumb die Vegetabilia, vnd Animalia, alß des Demorgorgonis Mantel nicht so viel zu achten seyn / als seyn Hembde so ihm näher liegt als der Mantel.

Die Alten haben viel von diesem Demogorgone geschrieben / daß nicht allein die vnbewegliche / doch wachssende Steine / vnd Metallen in der Erden dardurch generiret / vnd in jhrem wachssen erhalten / sondern daß auch lebendige bewegliche Geister in dem gebürge von jhme / nemblich / dem Demorgorgone jhren vrsprung hätten.

Es ist bekandt genung / daß den Bergleuthen/ wann sie tieff in der Erden dem ☉ vnd ☽ nachgraben / von wunderlicher gestalt-Geistern begegenet wird / welche theils in Menschen gestalt als kleine Männlein zu den Bergleuthen kommen / stellen sich / als wann sie jhnen helffen wolten/ schöppen neben den Menschen Ertz in den kasten. Es ist aber nur betrug / jhre Arbeit fördert nichts / dann es nur einen schein hat / als wann sie einschöpfften. Von diesen Geistern fürchten sich die Bergleuthe nicht / weiln sie jhnen kein böses thun. Es erscheinen aber auch den Bergleuthen sehr schröckliche böse Geister/ welche jhnen in jhrer Arbeit hinderlich sein / schlagen/ vnd werffen mit steinen / stürzen auch

die guthen Leuthe von oben hienunter in die tieffe/ daß sie jämmerlich umb ihr leben kommen. Solche böse Geister hauchen auch bißweiln die Arbeiter mit einem schnell-tödtendem gifftigen Athem an/ daß ihrer zu gleich viel auf einmahl niederfallen/ vnd plötzlich dahien sterben. Solche Geister erscheinen nicht nur in einerley/ sondern auch in vielerhand gestalten der Menschen/ mit Kleydern angethan/ bißweilen auch mit einer Münchskappen überzogen seyn. Bißweilen erscheinen sie auch in gestalt eines Pferdes/ oder andern Thiers/ sind aber alle böse/ dann sie ihnen ihre grosse Schätze von ☉ vnd ☽ nicht gerne nehmen lassen. Solche böse Geister werden von den Bergleuthen Cacodæmones genandt/ vnd auch billich also. Aber noch viel billicher möchten/ vnd könten also genandt werden solche Reiche Geitzhälsse/ welche ihr/ mit recht/ vnd vnrecht zusammen gekratzte ☉ vnd ☽ also lieb haben/ daß sie all ihre sinn vnd gedancken stettig also fäst daran hangen/ daß sie kaum einen Stüber den Armen ein stück Brodt darmit zu kauffen reichen dörffen. Solche böse Bewahrer deß Goldes vnd Silbers haben wir auf der Erden stettig vor vnsern Augen. Solche Cacodæmones seynd viel ärger/ alß diese in den Bergen/ nur ausser diesem/ daß sie die Menschen nicht todtschlagen dörffen/ wie diese in den Bergen. Ihre gifftige Zungen aber spahren sie nicht fromme Menschen darmit zu schlagen/
vnd

vnd selbige/ wanns jhnen nur möglich wehre/ auch gar zu tödten/ wie bey Farner Amelung-Becher/ vnd jhren Ehrendiebischen anhang genungsam erwiesen. Davon mit nechstem/ geliebt es Gott/ ein mehrers.

Welcher von diesen Berg-Geistern ein mehrers wissen will/ derselbe besehe Georgii Agricolæ Tractätlein/ de Animantibus Subterrancis, so wird Er contentement finden.

Nun wiederum zu dem Demogorgone zu kommen/ so sage ich/ daß einige vnachtsame Mineralien gefunden werden/ darinnen aller Vegetabilien/ vnd Animalien kräfften concentriret beysammen seyn/ welche Mineralia von des Demorgogonis allerreynesten Hertzgeblüth entsprossen/ solche Mineralia solte man vnter handen nehmen/ vnd eine Universal Medicin, darauß bereitten/ so dörffe man so vielerhand Kräuter nicht tractiren/ sondern hätte genung an einer Medicin, universaliter nicht allein alle Kranckheiten darmit zu vertreiben/ sondern auch eine Tinctur auf die weisse Metallen/ selbige dardurch mit gutem nutzen zu verbesseren. Vnd ist dieses zu mercken/ daß eine solche Universal Medicin nicht allein sehr leichtlich/ sondern auch mit gar geringen kosten/ in wenig tagen zu bereitten möglich. Dann die Mineralien kosten schier nichts: Das vncorrosivische Solvens kostet auch sehr wenig: So kan man einen Spiritum Ardentem auch umb ein gering geldt haben: Also daß man zu einer solchen Universal Medicin bereitung (darmit die drey Reiche/ als die Vegetabilien/ Animalien/ vnd Mineralien zu verbesseren) kaum einen Ducaten nöthig hat. Dieses last mir ein Compendium seyn mit so geringen kosten/ kleiner mühe/ vnd arbeit/ in so kürtzer zeit ein Universal Medicin auß zu wercken. Nach einer solchen Medicin solten billich junge Medici trachten/ vnd das alte mühesame/ vnd köstliche Sudelwerck mit Füssen tretten. Dieses Compendium dardurch so leichtlich/ vnköstlich gutte Universalia zu erlangen/ giebt vnß der Spiritus Vini verè Alcolisatus allein. Dann das Mineral ohne denselben nicht kan übergeführet/ vnd aufs höchste gereinigt noch auch ohne die Flamm kan zeitig/ süß/ vnd fix gemacht werden. Darum auch billich vnser Elias Artista, oder Sal Artis darmit wir den gemeinen Spiritum Ardentem acuiren/ vnd zu einem solchem wunderthätigen Menstruo machen/ billich ein Monarcha Salium mit recht kan genandt werden. Vnd ich zweyffele auch gantz nicht/ es werde vnser Sal Artis ein Monarcha verbleiben/ vnd von keinem andern überwunden werden. Dann so mir jemand in der Welt eine solch kräfftige Medicin durch welche die drey Reiche verbessert werden/ welche so leichtlich/ vnd auch vnköstlich zu bereiten/ wird zeigen können: So will ich mit meinem Elia Artista, oder Sale Artis beschambt stehen/ vnd als ein überwundener einen trit zurück welchen. Ich fürchte mich aber gar nicht / daß solches geschehen werde / dann vnser Sal Artis noch nicht bekandt ist / wie wohl mit der zeit solches ohne zweiffel auch wird bekandt werden; vnter dessen bleibt es gleich wohl Meister in der Kunst. Auf daß ich aber erweyse / daß eine solche Medicina, welche durch hülffe des Salis Artis, vnd Spiritus Vini auß Metallen / oder Mineralien bereitet worden / nicht allein die Metallen verbessere / vnd die Kranckheiten der Menschen vertreibe / sondern daß ein solche Medicina auch macht / vnd krafft habe den Vegetabilien zu helffen / selbige / wann sie schwach / oder kranck seyn / darmit wieder zur stärcke / krafft / vnd gesundheit zu helffen. Wann das nicht wehre / so köndte ein solche Medicin nicht recht Universal genandt werden. Dann die Vegetabilia auch vnter das Universal gehören / vnd kan auch nicht wohl ein Universal Medicin ohne hülffe der Vegetabilien / vnd Animalien auß den Metallen bereitet werden. Darum die Philosophi alzeit geschrieben / daß jhre Medicin Vegetabilisch / Animalisch / vnd Mineralisch sey: Wann sie dann auß diesen Dreyen herkombt / so muß sie auch nothwendig diesen dreyen Reichen ein Meister seyn / vnd über dieselbe zu herrschen / oder zu gebieten haben. Vnd ist der gebrauch solcher Universal Medicin auf die drey Reiche dieser: Wann du auß dem Mineral, oder Metal durch onsern Spiritum Vini Tartarisatum die reyne Essentiam übergeführet / vnd den Spiritum Vini durch die Flamm von der reynen Essentia Metallorum wiederum gescheyden hast/ so bleibt dir die übergeführte Anima sive Quinta Essentia Metallorum, als eine Universal Medicin zurück in der Schalen / welche also / wie sie ist / ohne weytere verbesserung in Medicina sicher zu gebrauchen ist / alle Curirische Kranckheiten darmit zu vertreiben. Wann aber diese Essentia zur verbesserung der Metallen gebraucht soll werden / so muß dieselbe zu vorn mit gemeinem ☉ oder ☽ versetzet / oder wie die Chymici reden/ fermentiret / vnd beysammen beständig copuliret / vnd im Fewer bleiblich gemacht / oder figiret werden. Dann ohne zuthun gemeines Goldes / oder Silbers solche durch vnser Alcohol Vini auß den Metallen / oder Mineralien übergeführte / vnd durch die Flamm vom Sulphure Superfluo gesäuberte / vnd erlöste Anima seu Quinta Essentia Metallorum, keinen Ingreß hat / sich mit anderen Metallen im Schmeltzfewer zu vereinigen; Darum nöthig ist solchen Tincturen durch das gemeine ☉ oder ☽ einen Ingres zu machen. Vnd ist dieses zu wissen: Wann der Quinta Essentia Metalli durch ☉ ein Ingres, oder Fermentum gegeben wird / daß die Quinta Essentia zu einer Güldischen Tinctur wird. So aber solcher Anima Metallorum durch ☽ ein Fermentum geben wird / daß solche Anima, oder Quinta Essentia nur eine weisse Tinctur gibt / darum

darum besser ist / nur durch ☉ / vnd nicht durch ☽ daß Fermentum, oder Ingressum zu geben. Dieses aber ist zu wissen / wann man 2. theyl ☉ / vnd 1. theyl ☽ zum Fermento gebrauchet / daß das ☽ nichts hindert an der rothen Tinctur, sondern mit / vnd nebenst dem ☉ / welches die oberhand hat / auch mit zu einer rothen Tinctur wird. Deßgleichen wird auch das ☉ / wann gegen dessen ein theil / 2. oder 3. theylen ☽ zum Ferment gesetzet / würden keine rohte Tinctur, sondern mit dem ☽ / welches prædominiret / zu einer weissen Tinctur werden; Dann allezeit der grössere theil den kleinern überwindet / solchen auf seine seyten bringet / vnd zwinget / daß Er mit jhme gleich thunlich seyn muß. Diese erinnerung / ob sie gleich hätte verbleiben können; Dannoch kann es nicht schaden / sondern dehnen noch vnwissenden viel mehr ein Licht geben / daß sie von dieser Sach bessern nachricht haben / jhre Arbeit desto richtiger zu volführen. Der aber nur das Pferdt hat / wird jhme auch wohl den zaum / solches darmit zu regieren finden. Der nur eine wohl bereithe Quintam Essentiam Metallorum hat / der selbige wird auch wohl das Fermentum finden / vnd rechtmässig zu Appliciren lernen; dann an der rechten Application viel gelegen ist. Ich habe einige gekandt / welche ex Marte & Antimonio guthe Tincturen gezogen / wusten aber mit dem Fermento nicht umb zu gehen / noch daß selbige rechtmässig mit der Tinctur zu conjungiren. Sie verstunden auch die Inceration nicht der Tinctur einen leichten Fluß / vnd Ingressum dadurch zu geben. Blieben also in Irrthum stecken / ich thäte mein bestes darzu / jhnen vollends zu recht zu helffen / sie aber bildeten jhnen ein / selber ein mehrers als ich davon zu wissen / da sie doch in solcher Sach wenig geübt wahren. Also macht sich mancher Mensch nur selber blind durch sein eyteles einbilden viel zu wissen. Solchen Menschen ist nicht zu helffen / weiln sie sich zu groß zu seyn düncken von andern zu lernen / sondern nur jhren eigenen Köpffen folgen / vnd also jhnen dardurch selber schaden zu fügen. Wann ich die gottlose / vntrewe / vndanckbare böse Welt nicht schewete / oder befürchtete / daß dieselbe nur hoffärttiger / vnd böser dardurch werden möchte / so könte ich einen sehr kurtzen Weg anzeigen / gar leichtlich / vnd fast ohne kosten geringer Arbeit / vnd kurtzer zeit auß den rothen Metallen viel ☉ zu ziehen. Vnd jhme ein jeder / welchem nur die Destillation, das schmeltzen / vnd cupelliren bekandt ist / jhme in seinem Hauß ein immerwehrendes / oder vnaußschöpffliches ☉ Bergwerck anstellen köndte / es ist aber besser geschwiegen / als bösen Menschen zu jhrem hoffahrt / vnd sündlichem leben zu helffen. Wann man gleich der vndanckbahren Welt guthes thut / so hat man doch nur vnruhe dargegen zu erwartten. Darum besser geschwiegen ist / als

durch

durch gutes thun/ vndanck zu verdienen. Doch bin ich willens/ wann mich Gott länger leben läst/ vnd ich nur auff meinem Bette schreiben kan/ diesen bevorstehenden Winter etliche Centurias herauß zu geben/ dardurch die Liebhaber viel guthes zu erlernen haben werden.

Nun wiederum zu dem gebrauch der bereiteten Tincturen zu kommen/ wie solche in Medicina viel guthes erweysen können: So ist dieses zu wissen/ daß man das/ im schälge zurück gebliebene rothe Oleum am bequemsten zur Metallischen Tinctur, aber zu der Menschen Medicin allein den/ mit der Flamm auffgestiegenen ☿rium, oder Mercurialische Sal Cœleste gebrauchen könne. Dieses reyne/ oder zartte liebliche Mercurial-Wasser/ ist das rechte vnd allerbeste Aqua Vitæ, darmit nicht allein den Menschen/ vnd auch allem Viehe in Kranckheiten kan geholffen werden/ sondern es ist auch aller Vegetabilien höchste Medicin selbigen darmit in jhren Kranckheiten zu helffen. Vnd weiln der Vegetabilien ein guth Nutrimentum zur Nahrung/ vnterhalt/ oder vermehrung derselben auß der Erden zu ziehen/ neben dem warmen Sonnenschein/ vnd fruchtbahren Regen höchste Medicin ist: Vnd hergegen die truncken/ vnd magere krafftlose vngeruhte Erden/ sambt ermangelung des warmen Sonnenscheins aller Vegetabilien todt/ vnd absterben ist/ also kan gegen solchen todt/ oder absterben der Vegeta-

bilien

bilien beſſers nichts zu jhrer Medicin, als vnſer ſüſſe/ erwarmente/ vnd alle lebendige/ bewegende/ oder wachſſende dingen erquickende/ vnd reſtaurirende Aqua Vitæ, oder Sal Cœleſte gebraucht werden; Dann dieſes Aqua Vitæ, ſo mit der Flamm übergeſtiegen/ vnd im receptaculo gefangen worden/ einer ſolchen groſſen krafft iſt/ daß der Sahmen der Kräuther/ wann Er darinnen etwaß erweychet/ vnd nur in einem mageren vngemiſten Sand geſtecket wird/ alſobaldt anfähet zu wachſſen/ vnd ſolches gleichſam zuſehens. Thut nun vnſer Aqua Vitæ ſolches bey den Kräutern/ macht dieſelbe ſchnel wachſſend: warum ſolte es dann ſolchen wachßthum/ oder verbeſſerung bey den Menſchen nicht auch können zu wegen bringen? Sage derohalben nochmahlen/ daß der Menſch ſeine geſundheit zu erhalten/ vnd die eingeſchlichene Kranckheit zu vertreiben beſſere Medicin nicht wird finden können/ als vnſer Univerſal geſegnete Aqua Vitæ, oder Himmliſche Regenwaſſer/ die leibliche Geiſter des Menſchen darmit zu erquicken/ zu ſtärcken/ vnd zu laben. Wann wir nur den ſachen nachdächten/ ſo würden wir befinden/ daß alles leben/ vnd wachßthumb der Vegetabilien/ Animalien/ vnd Mineralien ſeinen vrſprung auß der Lufft/ oder lufftigen Spiritu Volatili hat. Dann wir alle harte Steine/ vnd Metallen durch eines Spiritus Volatilis hülffe in Momento, oder zu ſehendes können wachſſend

Artis.

machen. Von welchem Wachßthum ich in dem Zweyten Theil Furnorum meldung gethan.

Ich habe solches schnell aufwachssen der Steinen / vnd Metallen vor viel Jahren einigen Freunden gezeiget / welche sich zwar über eine solche schnelle aufwachssung der hartten Steinen / vnd Metallen verwundert / es ist aber keiner vnter allen gewesen / ob wohlen sie Philosophi seyn wolten / der da hätte begreiffen können / auß waß krafft solches schnelle wachssen geschehen. Hat also niemande mercken können / daß es auß krafft eines Spiritus Volatilis geschehen. Vnd weiln solches schnelle wachßthum den jungen Medicis zu einem grossen Liecht dienen kan / also habe ich guth eracht / etwaß weithläufftiger davon herauß zu gehen / vnd dehnen noch vnwissenden die wahrheit klahr vor augen zu legen; vnd gründlich zu zeigen/ daß alles Wachßthum in der grossen / vnd auch kleinen Welt einig / vnd allein geschehe durch einen Spiritum, oder Salem Volatilem, welches seinen vrsprung auß zweyen Contrariis, alß Corrosiv, vnd Alcali hat. Dann wann beyde Contraria, als ein Sal Alcali, vnd Corrosivischer Spiritus Salis, oder dergleichen zusammen kommen / so arbeiten sie / vnd entzünden sich vnter einander / vnd geben in solcher hitzigen arbeit einen subtilen Geist von sich / welcher die Natur / vnd Eigenschafft hat alles wachssend zu machen.

Waß nun diesem Spiritu Volatili am nehesten ist /

ist / daß selbige macht es wachssend; nimbt ein Mensch einen solchen Spiritum in Leib / so dient Er jhme zu seiner gesundheit / wird Er zu einem Krauth gethan / so macht Er daß selbige schnel wachssend. Mit einem solchem Spiritu kan man im kalten Winter (doch in einer warmen Stuben) auß der Kräuter samen / auf einem Tisch zusehends ein Kräuthlein aufwachssen machen / welches die wahrheit ist / vnd niemandt an zweiffeln wolle / dann ich mehr als nur einmahl solches gethan habe. Auf daß man aber mit händen tasten könne / daß ein solches schnel wachssen einig / vnd allein von einem Spiritu Volatili, welcher auß beyden Contrariis entstanden / herrühre / beweyset dieses Exempel. Giesse ein es Olei Vitrioli auf ein / oder zwey pfundt Calcinirten Weinstein / doch nicht auf einmahl / sondern nach / vnd nach ein theil nach dem andern / dann diese Contraria sich entzünden / vnd starck gegen einander streiten / in welchem streit der Spiritus Volatilis gebohren wird / setze den Helm auf den Kolben / vnd gieb fewer im Sandt / so steiget ein subtiler Spiritus Volatilis über. Hat man mit dem Calcinirten Weinstein ein Stein / vnd mit dem Oleo Vitrioli ein Metal solviret / so geben diese beyde Contraria einen so viel desto krässtigern Spiritum, dann die krafft des Steins / wie auch Metals zu gleich mit dem Spiritu Volatili übergehet. Auff diese weyse kan man auß allen Acidis, vnd Alcalibus einen Spiritum Volatilem bereiten.

Sol-

Solches noch besser zu beweysen / daß duo Contraria, das Wachsthum aller dingen verursachen; geschicht durch dieses Exempel. Solvire ein wenig Eysen / oder Kupffer in einem Spiritu Salis, oder Oleo Vitrioli, abstrahire das Phlegma, dann kein Spiritus Acidus übergehet / sondern bey dem Eysen bleibet / vnd daß selbige animiret / oder bequem machet / schnel / oder zusehens als ein Baum mit Stamm / nasten vnd zweygen durch ein Contrarium auff zu wachssen. Diesen durchs Eysen concentrirten / oder trocken-gemachten Spiritum Salis vel Vitrioli briche zu kleynen stücklein wie die grosse Erbssen / oder kleinen Bohnen. Dieses zerbrechen soll geschehen / wann das Vitriolum ♂ erst auß dem Ofen kombt / vnd noch warm ist. Dann in der kalte solches die Lufft an sich ziehet / vnd zu einem Oel fleust / welches nicht seyn soll. Diese stücklein animirten Eysens soll man in seyn Contrarium legen / welches Contrarium besser nicht seyn kan / als ein fetter Liquor silicum also bereitet / gleich wie ich solchen in dem Zweyeten Theil Furnorum gelehret habe /. das Glaß darinn der Liquor silicum ist / soll nicht bauchicht / sondern recht auff / vnten vnd oben gleich weit / vnd vngefähr einer zwergen handt hoch mit dem Alcalischen Liquori silicum gefüllet seyn. In welchen Liquorem man das bey dem ♂ concentrirte Acidum legen soll / seyn ordentlich / nicht auf einen orth zusammen / sondern vngefähr eines

eines Daumens breith von ein ander gelegt / vnd das Glaß an ein stillen orth gesetzet / daß es nicht bewegt / oder geschüttelt werde. So baldt nun diese duo Contraria zusammen kommen / so wil immer das eine in das ander agiren: Weiln dann eins von beyden Contrariis, alß das Acidum beym ♂ concentriret / vnd hartt gemacht worden / so kan es sich mit dem Alcali seinem Contrario nicht vermischen / vnd der eine theil den andern zerstören / oder zu nichte machen / sondern sie ångstigen nur ein ander / werden ein wehnig warm auß eigener krafft / in welcher beångstigung das eine Contrarium das ander zum wachssen forthtreibt: Also daß das hårttere / oder trockner theil / nemblich das animirte ♂ / von dem dünnern theil seinem Contrario dem Liquori silicum so viel feuchtigkeit zu sich ziehet / daß es davon auffschwellen / vnd wachssen kan / nicht anders als Hecken / vnd Stråuche mit jhren Wurtzeln / Ståmmen / Åsten / vnd Zweygen lustig umb anzusehen / dann solches wachsthum gar schnel zu gehet / also daß das Glaß innerhalb ein / oder zwey stunden lang zeit / biß oben an vol eyserne Båumkens gewachssen ist: Welche je långer je hårtter werden / vnd wann sie hartt genung geworden seyn / welches vngefåhr in 24. stunden geschicht / so låst man den Liquorem silicum durch ein klein Grånge / so vnten im Glaß seyn sol / ablauffen; so bleiben die Båumlein stehen / nicht anders anzusehen /

als

als Vegetabilische Gewächsse. Und wann mans noch lustiger haben will / so kan man von unterschiedlichen Metallen / Bäumlein in einem Glaß wachssend machen: ♂ giebt Schwartzbraun / ♀ Grün / ♄ / ♃ / ☿ Weyß / und Graw / ☽ Blaw / ☉ Gelb; Die Mineralien geben auch andere Farben / als Metallen / der Galmey giebt feine Bäumkens / sondern wächsset über sich / wie klein / und grosse Berge / Klippen / oder Felsen an der Farbe / Weiß / und Grawlicht.

Will man auch Steine wachssend machen / so kan man also thun. Erstlich / soll man den Stein / Er sey gleich weiß / oder gefärbt mit Sale Alcali, oder Sale Tartari schmeltzen zu einem durchsichtigem Glaß / solches Glaß in ein flach Becken von ♀ giessen / so fleüst seyn breit / und dünne / und läst sich gerne in stücklein brechen so groß / oder klein / als man haben will. Diese stücklein Steinglaß legt man in ein solches Glaß mit einem flachen bodem (wie oben bey dem wachsthum der Metallen gelehret) darinnen ein Acidum mit Wasser vermischt seyn soll / nicht zu scharff / und auch nicht zu süß / dann wann zu viel Wasser zu dem Acido solte gethan werden / wehre es zu schwach das Wachsthum zu beförderen: solte das Acidum aber zu starck seyn / so würde der Alcalisch gemachte Stein zerbissen / und verderbet werden / daß nichts davon aufwachssen könte / sondern als ein schlamm zu boden ligen bleiben / darum man fleissig darmit umbvmbgehen muß/ wann es wohl gerathen soll.

NB. Die Magnesia giebt einen bluthrothen Baum schöner als alle Metallen anzusehen/ dieses wachßthum der Steinen wil gar wohl gethan seyn/ thut sonsten nicht guth; dieses aber der Metallen ist viel leichter zu thun.

Auß diesem ist handtastelich erwiesen/ daß Duo Contraria alles Wachßthum der Vegetabilien/ Animalien/ vnd Mineralien/ wie auch der Steinen befürdern ist; Welches ich gerne noch kläherer/ vnd außführlicher wolte bewiesen haben/ wann es die zeit vnd gelegenheit hätte zu lassen wollen; Ich vermeine aber genung gethan zu haben/ sonderlich/ weilen ich von solchem wachssen der Metallen/ vnd Steinen in meinen andern Schrifften auch gutte nachricht geben habe/ vnd ist dieses so alhier geschrieben/ nur zum uberfluß geschehen/ sich dessen so vor längst gethan/ darmit wiederum zu erinnern/ vnd die auffgedeckte nackende Wahrheit desto besser besehen können. Es ist genung/ daß ich der blinden Welt ein helles Liecht angezündet/vnd achte meiner Feynde mißgunst/ oder bösen nachklap gantz nicht. Die zeit wird einmahl kommen/ daß solche ehrendiebische Buben bekandt werden/ vnd auch jhren lohn von Gott empfangen werden/ daran gar nicht zu zweiffelen ist. Gott siehet lange zu/ ehe Er straffet/ kombt Er aber/ so kombt Er gewiß wohl. Darauf sich solche Teufflische Lügengeister/ vnd Ehrendiebe zu verlassen haben.

Corol-

Corollarium, oder Zugabe.

Gunstiger Leser / Ich habe in diesem kleinen Tractätlein viel grosse Secreta entdecket / zweyffele auch nicht / diese meine gutherßige entdeckung werde manchem Blinden auf den rechten weg helffen. Ist derohalben an alle junge Medicos, welche noch auß dem vergifften Hoffahrt- vnd Geitz-becher nicht getruncken haben / mein wohlmeinend erinnern / daß sie doch das eytelle Flick- vnd Sudelwerck als ein vntüchtig wesen auf die seyten setzen / vnd die wahre Spagirische Medicin vnterhanden nehmen wollen / darzu jhnen dann dieses kleine Büchlein ein guter Wegweiser seyn wird. Dann ich alhier das von allen Philosophis allezeit in höchster geheym gehaltene Sal Artis bekandt gemacht / vnd dessen hochnützlichen gebrauch in Medicina, vnd Alchimia auch nicht verhalten habe. Also daß ein jeder der nur etwaß thun will / Materi genung findet grosse dinge auß zu würcken. Dann waß ich von dem Sal Artis geschrieben / daß es in bereitung auß ☉ / ☽ / vnd ☿ rio Antimonii eine hohe Tinctur auf alle Metallen geben könne / darff niemandt an zweiffeln / wie ich dann auch willens bin mit näheftem / (wiewohl ich noch stettig / wegen schwachheit des Leibs / das Bette bewahren muß) einigen Liebhabern solches werck vnterhanden zu geben / vnd auß machen zu lassen / auf daß solche hohe Secreten nicht mit mir vnter die Erden kommen möchten.

Waß ich von dem Spiritu Vini Alcolisato geschrieben / daß Er / nemblich / auß allen Metallen / harten Steinen / wie auch Animalien / vnd Vegetabilien jhre allerreyneste Essentias extrahire / vnd solche über den Helm führe: Das ist auch die warheit. Dann mehr mit solchem durch das Sal Artis confortirtem Spiritu Vini auß zu richten als ich geschrieben habe. Dann ich wegen sonderlichen vrsachen gegen meinem willem zu rücke halten müssen / wehre sonsten noch wohl weiters heraußgangen. Es ist aber doch genung gethan / werden die Nachkömmlingen erst dieses thun lernen / waß ich alhier so klar herauß geben / so werden sie auch wohl das übrige finden. Gleich wohl kan ich nicht lassen / noch von einer viel grössern gabe Gottes zu melden / als diese /, davon in diesem Tractätlein gehandelt worden: Nemblich / daß Gott dem Menschen zu seiner gesundheit vnterhaltung ein Subjectum in die Natur gelegt / darinnen aller Vegetabilien / Animalien / vnd Mineralien-Kräfften / vnd Tugenden vollkömmlich beysammen verborgen. Vnd ist solches Subjectum an allen orthen genungsam vmb sonst zu haben / dann wie vnachtsam gleich solches von den vnwissenden gehalten / dannoch nichts grössers in der Welt zur Medicin dienende zu finden ist.

Jeder

Jeder Mann kan dessen genung vmb sonst haben/ nicht nur von andern/ sondern von sich selber so viel als Er zu seiner gesundheit/ vnd zeitlichen vnterhalt des Leibes nöthig hat.

Vnd solches noch klahrer zu geben/ so sage ich mit wahrheit/ daß vnsere erste Eltern/ als Adam, vnd Eva, solches Subjectum mit sich auß dem Paradieß gebracht haben. Vnd nicht allein diese/ sondern es bringt auch ein jeder Mensch/ Er sey gleich Reich/ oder Armm/ Jude/ oder Christ/ Türck/ oder Heyde/ solches auß Mutter Leib mit sich auf die Welt.

Es wolle jhme aber niemandt einbilden/ alß wann ich auf den Urin, oder Stercus Humanum ziehlete/ gantz nicht; wie wohl in denselben eine grosse Medicin verborgen ist. Es ist etwaß anders/ vnd noch geringer geachtes wesen/ als der Urin, vnd Stercus. Vnd wird schwerlich ein hoffärtiger Esel dieses Subjectum erdencken können/ Gott muß es vnß zeigen. Vnd wann gleich einem Vnwürdigen solches solte bekandt werden/ welches Gott wohl verhinderen wird; Vnd Er dessen Application nicht wüste/ so würde es jhme doch nichts nütze seyn. Wann ich nur so viel stärcke hätte/ daß ich mich ein wenig rühren könte/ vnd nicht allezeit das Bette bewahren müste/ ich wolte mich mit dem Archimede verkünen/vnd sagen dörffen: Da pedem, terram movebo. Aber nun muß ich mit den hiensterbenden sagen: O Domine, Da pedem in
Cælis,

Cœlis, terram relinquo. Jch sage dieses: Wann ein Mensch dieses Subjectum kennet/ vnd solches in Medicina zu appliciren weyß/ derselbige mag sich wohl für glückseelig schätzen/ dann Er in der Welt nichts mehrers von nöthen hat; Doch dieses vorbehalten/ wann Er auch so viel stärcke/ platz/ vnd gelegenheit hat solche Medicin fertig zu machen. Das Subjectum hat man vmb sonst/ vnd gebraucht man zur bereitung weder Gläffer/ Kohlen/ noch Ofen: kan alles in der stille gethan werden.

Wird mir Gott noch eine kleine Lebens frist geben/ so werde ich nicht lassen diese Universal Medicin auf meinem Bette noch zu verfertigen/ wann es nur Gott zulassen wil. So nicht/ so bin ich auch zu frieden mit dem jenigen/ waß Er mir weiters zulegen wird/ es sey gleich wie es wolle; Jch recommandir aber dieses Subjectum allen Medicis vor allen andern in der Welt. Dann man solches zu allen zeiten ohne Geldt haben kan/ vnd ist auch dessen bereitung gering/ leicht/ vnd vnköstlich/ dann keine Gelder darzu von nöthen seyn: Vnd kan auch in wenig tagen außbereitet werden. Jn summa, dieses Subjecti erkändtnüs/ vnd seine leichte außbe-

Mäuler zu richten/ vnd zu verfichern haben/ daß sie einer solchen Himmlischen Medicin nicht würdig seyn zu sehen/ zu geschweygen besitzer darüber zu werden. Hergegen die jenigen/ welche die Welt mit all jhren Eytelkeiten verachten/ Gott lieben/ vnd fürchten/ den Satan mit seinem gottlosen Anhang meyden/ vnd hassen/ allein tüchtig seyn eine solche Himmlische Medicin von Gott zu erlangen/ vnd sonsten niemandt/ dabey es dießmahl beruhet.

ENDE.

ERRATA.

Im Titul/ pro vnd et/ lege wider.   pag. 24. lin. 9. pro auf den breiten/ lege auf den bereiten.